いろいろな伴奏形による

こどものうた85

2学期編

石橋裕子　編著
飯泉祐美子

KYODO-MUSIC

この本を手に取ってくださったみなさまへ

　この「いろいろな伴奏形によるこどものうた85 ～やさしい伴奏から素敵な伴奏まで～」は、保育者養成課程や初等教員養成課程の音楽のテキストとして、また、卒業後の現場でも活用し続けることのできる楽譜集として、幅広い方々のニーズに応えたいと考えて企画しました。本シリーズの特徴4点をご紹介します。

1. ひとつの曲に対し複数の伴奏アレンジを掲載
　さまざまなニーズにこたえるため、伴奏アレンジを複数掲載しました。アレンジの種類は次の通りです。
　Ⓐ 1本指伴奏
　　ピアノを始めたばかりの入門者に適しています。右手がメロディーパート、左手が伴奏パートとなっていますが、左手の動きが大変少ないアレンジです。
　Ⓑ やさしい伴奏
　　一般的に簡易伴奏とよばれるものです。初級以上のレベルに適しています。Aと同じく右手がメロディーパート、左手が伴奏パートとなっていますが、Aのアレンジよりも左手に動きがあります。
　Ⓒ メロディーのない両手伴奏
　　左右両方のパートで伴奏パートを作り上げていきます。メロディーはありませんが、その分ハーモニー（音の響き）に厚みがあり、音楽の高揚感が得られます。弾き歌いや毎日の歌唱活動だけではなく、発表会などでの歌唱・合奏の伴奏にも使えます。メロディーがない伴奏での弾き歌いは少し難しく感じるかもしれませんが、弾きながら歌うことに少し慣れてきたら、ぜひチャレンジしたい伴奏です。
　Ⓓ 素敵な伴奏
　　子どもたちの歌声に素敵な演出ができます。中級レベルになったらぜひチャレンジして、サウンドの心地よさを体感しましょう。また、子どもたちにとっても、そのような経験ができるとよいでしょう。
　Ⓔ 長く歌いつがれている伴奏
　　よく耳にする伴奏です。初級者でも演奏できるものがたくさんありますので、ぜひチャレンジしましょう。

2. 譜めくりがいらない楽譜の構成
　本シリーズでは、ページをめくらなくてもすむように、必要に応じて観音開きで楽譜を掲載しています。

3. コラムの充実
　本シリーズで自学自習を進めていけるように、ピアノの奏法、音楽的な理論をはじめ、現場で役に立つ知識をコラムとして掲載しています。

4. 月別・学期別構成
　1学期編、2学期編、3学期編の3巻構成で、それぞれの巻には、うたう曲を月ごとに掲載しています。その他に、1学期編には「動物の歌」、2学期編には「みんなでうたおう」、3学期編には「生活のうた」「楽しく歌おう」をそれぞれ掲載しました。

　保育者や初等教育者を目指すみなさんの奏でる音楽によって、子どもたちのうきうきわくわくする瞬間がはじまります。子どもたちの豊かな感性を育むときであることを願ってやみません。
　最後になりましたが本書の出版にあたり、共同音楽出版社の豊田治男社長はじめ、スタッフの皆様には大変お世話になりました。感謝申し上げます。

　　　2017年3月

　　　　　　　　　　　　　　　　　　　　　　　　　　　　　　　　　　編者　飯泉祐美子

目　　次

				A	B	C	D	E
9 月	1	とんぼのめがね	額賀誠志 / 平井康三郎	8	9	10	-	-
	2	虫 の 声	文部省唱歌	12	13	14	-	-
10 月	3	運 動 会	則武昭彦　詞・曲	18	19	20	-	-
	4	うんどうかい	三越左千夫 / 木原　靖	22	23	24	-	-
	5	大きなくりの木の下で	阪田寛夫 / 外国曲	25	26	27	-	-
	6	き の こ	まど・みちお / くらかけ昭二	28	30	32	-	-
	7	さ ん ぽ	中川李枝子 / 久石　譲	34	-	36	39	-
11 月	8	小ぎつね	勝　承夫 / 外国曲	44	45	46	-	-
	9	まっかな秋	薩摩　忠 / 小林秀雄	47	-	48	50	-
	10	まつぼっくり	広田孝夫 / 小林つや江	52	53	54	-	-
	11	も み じ	古村徹三 / 日本教育音楽協会	55	56	57	-	-
	12	た き 火	巽　聖歌 / 渡辺　茂	58	59	60	-	62
	13	どんぐりころころ	青木存義 / 梁田　貞	64	65	66	-	67
12 月	14	あわてん坊のサンタクロース	吉岡　治 / 小林亜星	70	-	72	74	-
	15	お 正 月	東　くめ / 滝廉太郎	76	-	77	-	78
	16	ジングルベル	音羽たかし / あらかはひろし / ピアポント	80	-	81	82	-
	17	おほしがひかる	由木　康 / ドイツ民謡	84	-	85	86	-

				A	B	C	D	E
みんなで歌おう	1	Happy Birthday to You	J.M.Hill/S.P.Hill 詞・曲	90	–	91	–	92
	2	すうじの歌	夢 虹二 / 小谷 肇	93	94	95	–	–
	3	ともだち賛歌	阪田寛夫 / アメリカ民謡	96	98	100	–	–
	4	ふしぎなポケット	まど・みちお / 渡辺 茂	102	103	104	–	–
	5	ぼくのミックスジュース	五味太郎 / 渋谷 毅	107	–	108	110	–
	6	どんな色がすき	坂田 修 詞・曲	113	–	114	116	–
自分で伴奏を付けてみよう	1	メリさんのひつじ	高田三九三 / アメリカ曲	122				
	2	ロンドン橋がおちる	高田三九三 / イギリス民謡	123				
	3	きらきらぼし	武鹿悦子 / フランス民謡	124				
	4	むすんでひらいて	訳詞者不詳 / ルソー	125				

〈コラム1〉 9月から12月にはどんなことがある？ ……… 11
〈コラム2〉 弾き歌いをバージョンアップしましょう ……… 16
〈コラム3〉 C メロディーのない両手伴奏を使った取り組み例 ……… 38
〈コラム4〉 さんはい、先うたいのタイミング ……… 68
〈コラム5〉 なぜ暗譜するの？ 座って歌うときの発声 ……… 79
〈コラム6〉 音楽的な理論 ②-1 ……… 88
〈コラム7〉 奏法について ①-1 ……… 106
〈コラム8〉 キーボード購入について ……… 112
〈コラム9〉 音楽的な理論 ②-2 ……… 118
〈コラム10〉 奏法について ①-2 ……… 120
〈コラム11〉「著作権」を知っていますか？ ……… 126

表紙デザイン： 有限会社 ねころのーむ

コラム一覧表

一 学 期 編	二 学 期 編	三 学 期 編
一学期の行事 ピアノを弾く姿勢 弾き歌いの練習方法 音楽的な理論 ① 　・コード 　　　　　　等	二学期の行事 弾き歌いのうたい方 音楽的な理論 ② 　・拍子 　・強弱記号 　　　　　　等 奏　法 ① 　・グリッサンド 　・トリル 　・装飾音 　　　　　　等 著作権について 練習楽器の選び方	三学期の行事 伴奏がない歌（アカペラ） 伴奏付け 移調奏 音楽的な理論 ③ 　・速度 　・楽語 　　　　　　等 奏　法 ② 　・ペダリング 絵本とのコラボ ０歳から就学前の音楽的な発達 ピアニストはアスリート 　　　　　　等

本シリーズで取り上げたコラム概要です。自学自習、豆知識としてお役立てください。

9 月

1. とんぼのめがね

額賀　誠志　作詞
平井康三郎　作曲
飯泉祐美子　編曲

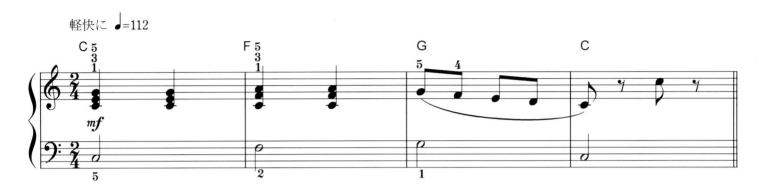
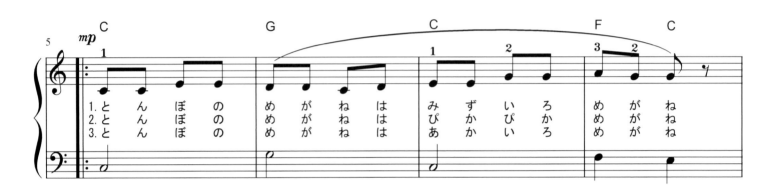

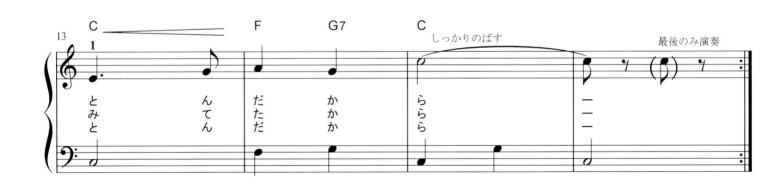

1. とんぼのめがね

額賀　誠志　作詞
平井康三郎　作曲
須田三枝子　編曲

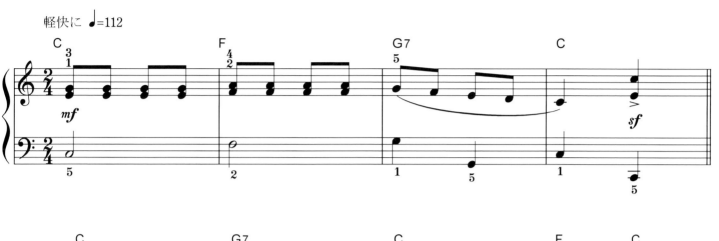

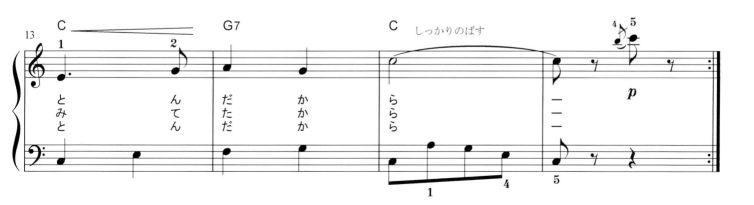

〈コラム1〉

9月から12月にはどんなことがある？

幼稚園・保育所・こども園などで行事が行われることの多い記念日は？

多くの幼稚園・保育所・こども園では以下の記念日に関する行事や活動が行われます。

時　　期	記念日等	概　　　　要
9月 第3月曜日	敬老の日	多年にわたり社会につくしてきた老人を敬愛し、長寿を祝う日。祖父母を招いた行事などが開催される。
9月中旬 から10月	運動会	運動会が多く開催される時期である。近年は5月頃に開催されることもある。
10月 第2月曜日	体育の日	1964年（昭和39年）に東京オリンピックの開会式が行われた10月10日を体育の日としていたが、ハッピーマンデー制度により10月第2月曜日となった。
10月中旬	お芋ほり	さつまいもを掘り、収穫体験をする。
11月3日	文化の日	文化の日にちなみ、この時期は造形作品発表会、絵画展覧会、音楽発表会など催されることが多い。
11月中旬	焼き芋会	収穫したさつまいもを味わい喜びを体験する。
11月23日	勤労感謝の日	「おしごとがんばってね」と感謝の気持ちを絵で描いたり、年長児は手紙を書いたり、特別な行事ではないが保育の中で企画されることが多い。
12月	おもちつき	杵と臼で餅つきを体験する。1月に行うこともある。
12月24日 12月25日	クリスマスイヴ クリスマス	クリスマスツリーを飾り、クリスマス会などを行うこともある。この頃に生活発表会などが企画されることも多い。

行事と保育内容 … 五領域

　2学期に行われる行事は五領域「健康」「人間関係」「環境」「言葉」「表現」を具現化した体験的行事や企画が多く設定されています。つまり保育者にとって企画や準備に追われる時期でもあります。

　子どもたちにとって新鮮な体験的行事となるように心掛けることに努め、喜びや達成感を共有しましょう。

（飯泉祐美子）

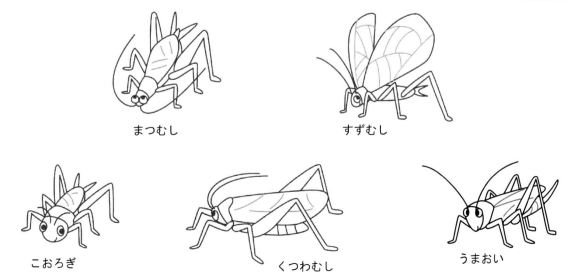

2. 虫の声

文部省唱歌
飯泉祐美子 編曲

2. 虫の声

文部省唱歌
角田 玲奈 編曲

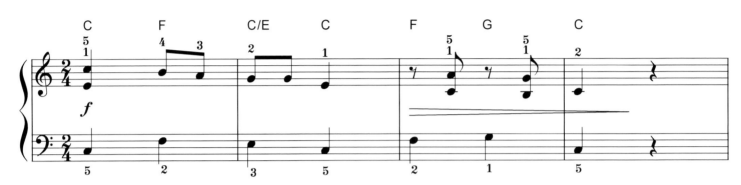
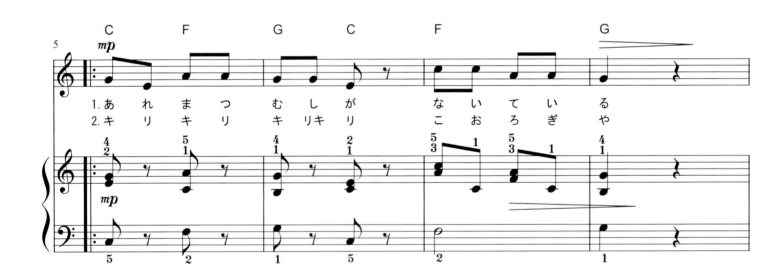

〈コラム２〉

弾き歌いをバージョンアップしましょう

　弾き歌うことに慣れてきたら、こども達が歌いやすくなるよう、さらに技術を磨きましょう。弾き歌いと同様で、できるようになるには時間がかかります。継続しての練習が必要です。

①「さんはい」

　歌が始まる場所の合図で、前奏の最後に掛ける声です。テンポを示す役割もあります。本来は４拍子の曲の時に、「いち、にい、さん、よん」の「よん」（４）の代わりに「はい」と言うのですが、現在では、４拍子以外の曲でもこのかけ声を掛けることが一般的です。「どうぞ」も同じように使われています。「せーの」「いっせーのーせ」などのかけ声も聞きますが、起源が音楽の言葉ではないこと、リズムが取りにくいこと、等の理由でお勧めできません。こどもの方を向き、笑顔で聞こえる声での声かけが大切です。

　２番の前には「２番」、３番の前には「３番」や、歌い出しの歌詞を先歌い（②参照）することも必要です。

② 先歌い

　そのメロディーよりも先に歌詞を言いながら曲を進めていくことです。歌詞がまだ確実に覚えられていない場合に、どの年齢に対しても有効だと言われています。特に、まだ文字の読めないこどもには、歌うための指南となります。〈コラム４〉（p.68）で述べていますが、上手な先歌いをするには、言葉の明瞭さ、歌詞を発するタイミング、曲全体の速度が鍵を握ります。

③ 暗　譜

　楽譜を暗記することです。〈コラム５〉（p.79）で述べていますが、こどもの歌っている様子を見ながら弾くために、暗記します。鍵盤をずっと見て弾くために暗記するのではありません。

④ こどもを見ながら弾く

　常に鍵盤を見続けて弾き歌うと、こどもからは教師の顔が見えないので、寂しい思いをします。また、歌声には精気がなくなります。「さんはい」「どうぞ」のかけ声でこどもの方を見る、弾きながら時々見るなどの練習が必要です。ピアノが壁に向かっていてこどもに背を向けて弾かなければならない場合には、両足を前後に開いて立奏すると、後を振り向きやすくなります。

（石橋裕子）

10 月

3. 運動会

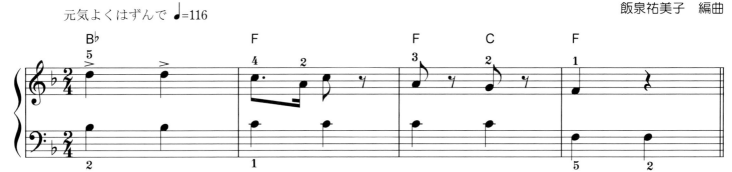
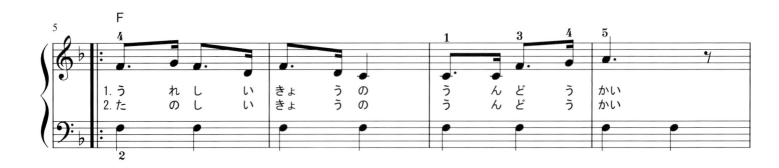

3. 運動会

3. 運動会

則武　昭彦　作詞
則武　昭彦　作曲
角田　玲奈　編曲

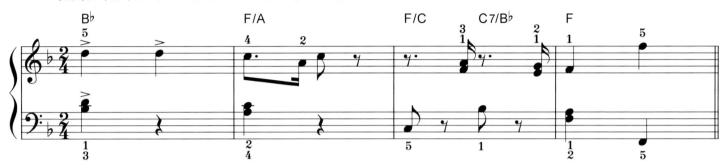
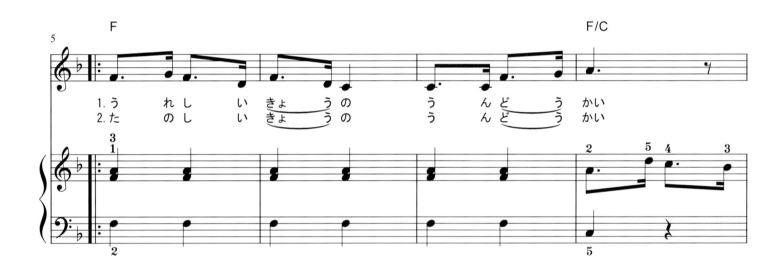
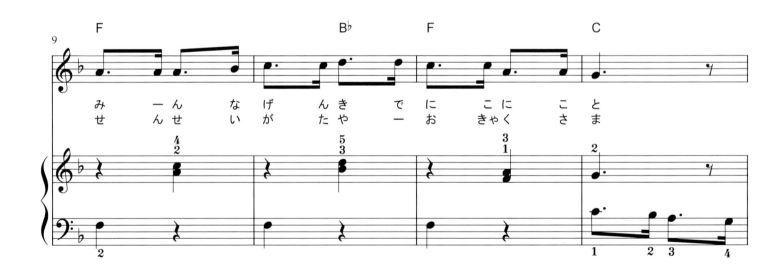

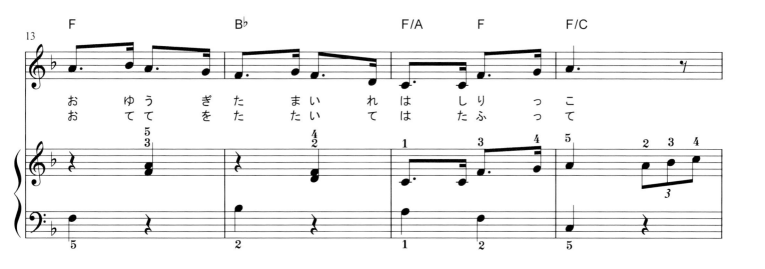
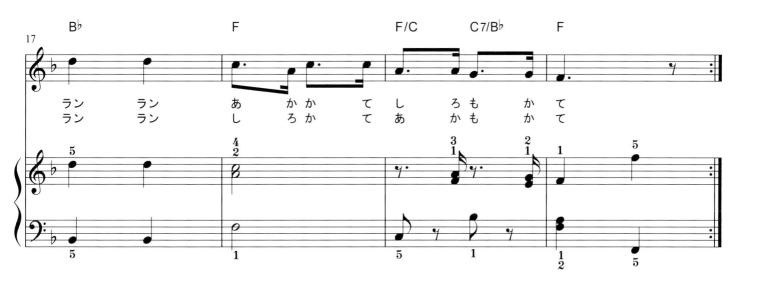

4. うんどうかい

三越左千夫　作詞
木原　靖　作曲
飯泉祐美子　編曲

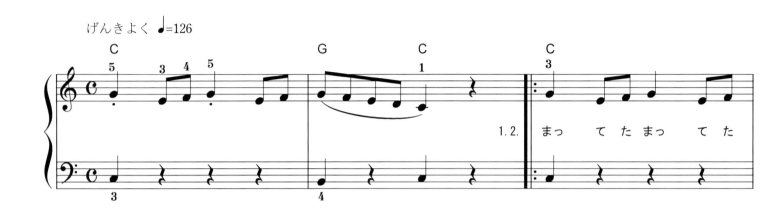

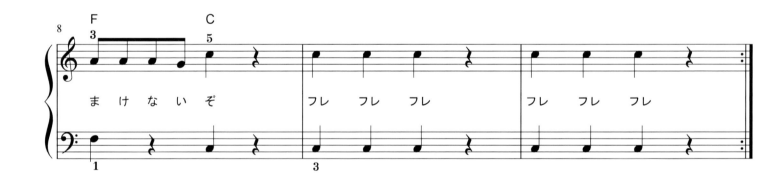

「フレ フレ フレ」は音程に関係なく元気のよい掛け声を

4. うんどうかい

三越左千夫 作詞
木原　靖　作曲
須田三枝子 編曲

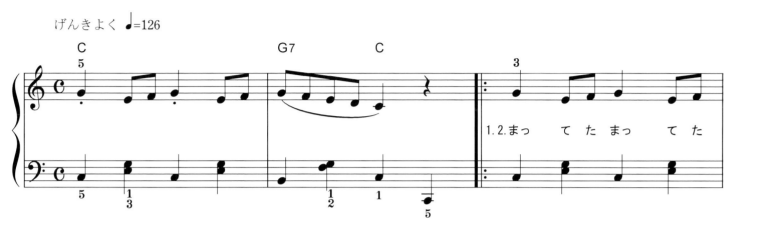

「フレ フレ フレ」は音程に関係なく元気のよい掛け声を

4. うんどうかい

三越左千夫 作詞
木原　靖 作曲

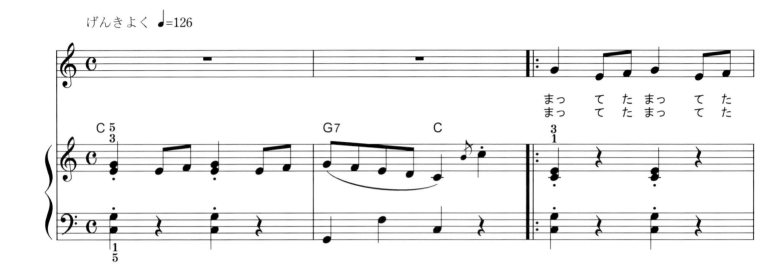

「フレ フレ フレ」は音程に関係なく元気のよい掛け声を

5. 大きなくりの木の下で

阪田 寛夫 訳詞
外国曲
飯泉祐美子 編曲

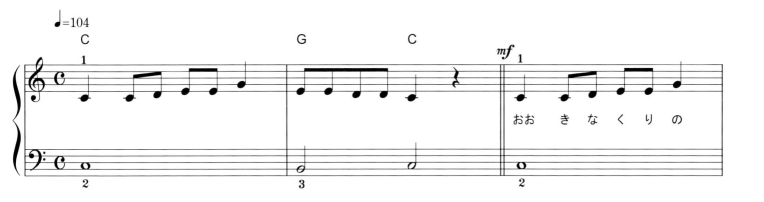
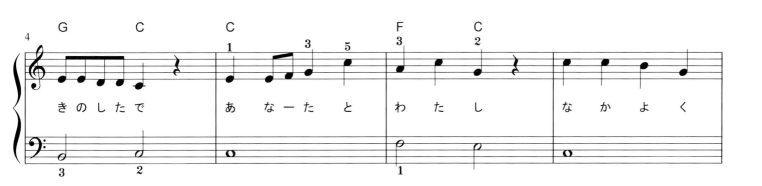

「大きなくり」のほかに「小さなくり」等、いろいろなくりのイメージで替え歌してみましょう

5. 大きなくりの木の下で

阪田 寛夫 訳詞
外国曲
岡部 絵実 編曲

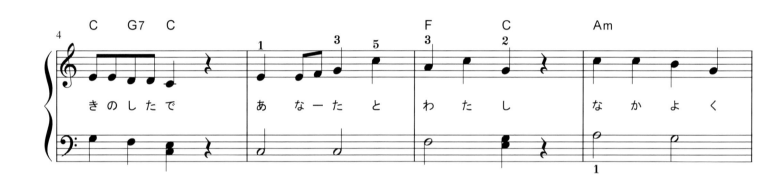
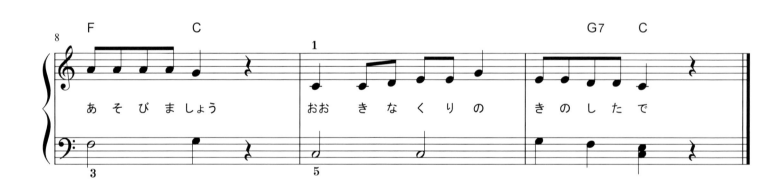

「大きなくり」のほかに「小さなくり」等、いろいろなくりのイメージで替え歌してみましょう

5. 大きなくりの木の下で

阪田 寛夫 訳詞
外国曲
角田 玲奈 編曲

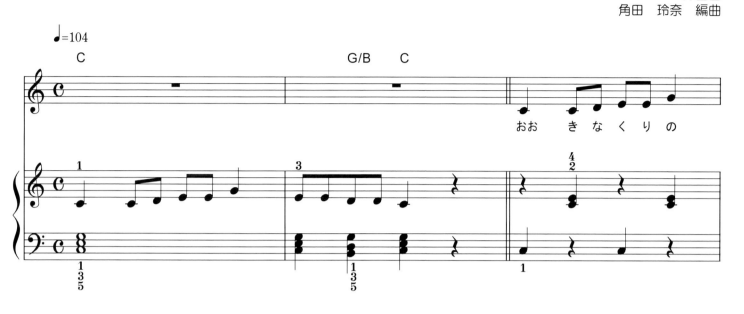
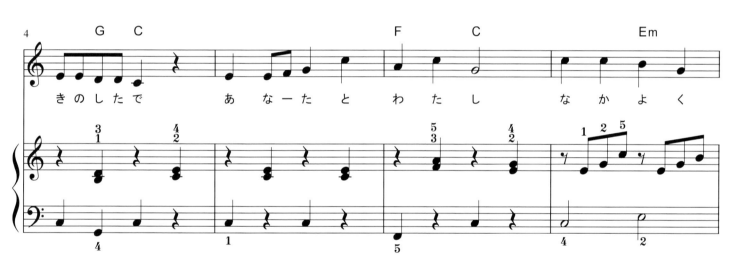
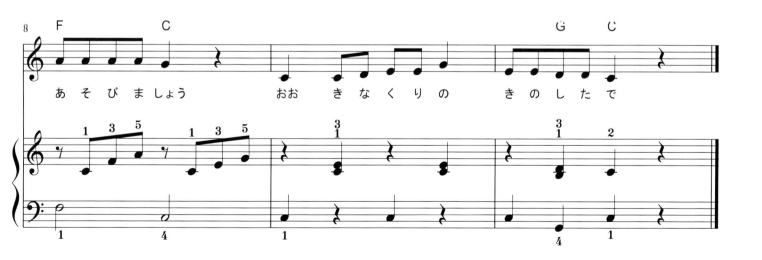

「大きなくり」のほかに「小さなくり」等、いろいろなくりのイメージで替え歌してみましょう

6. きのこ

まど・みちお　作詞
くらかけ昭二　作曲
飯泉祐美子　編曲

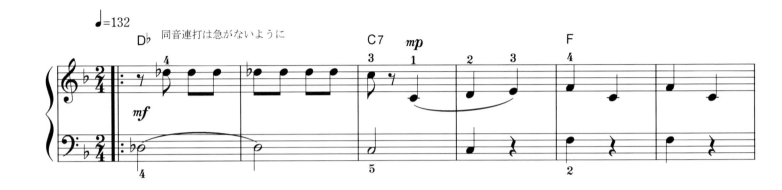

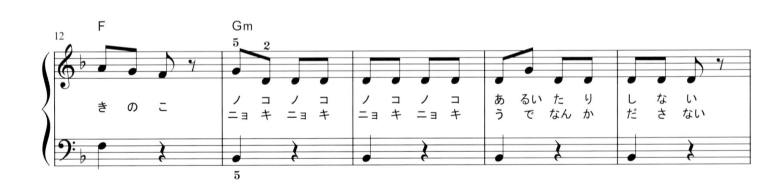

6. きのこ

まど・みちお 作詞
くらかけ昭二 作曲
岡部 絵実 編曲

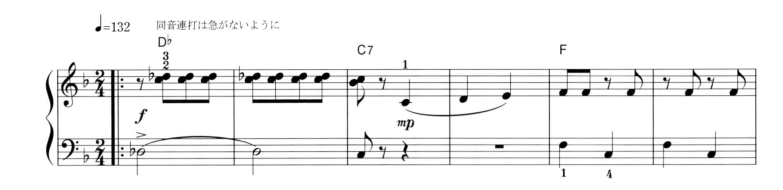

7. さんぽ

中川李枝子　作詞
久石　譲　作曲
飯泉祐美子　編曲

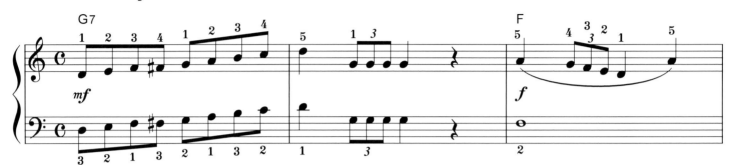
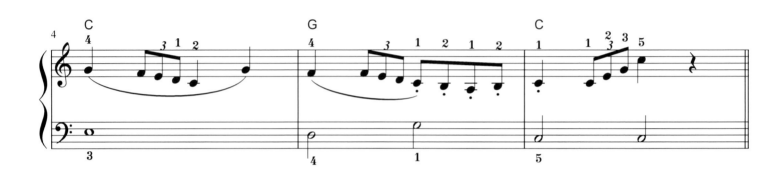

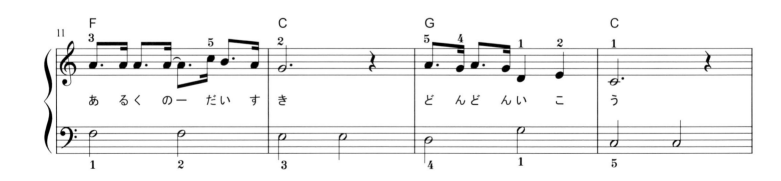

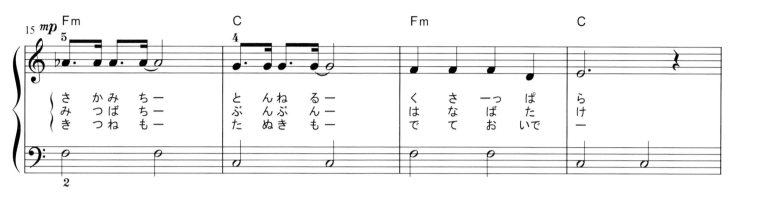

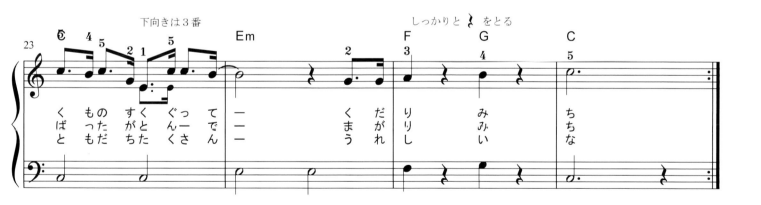

11 月

8. 小ぎつね

勝 承夫 訳詞
外 国 曲
飯泉祐美子 編曲

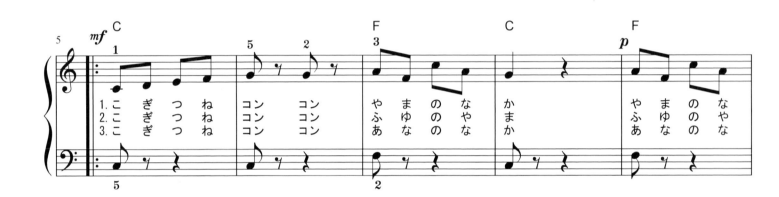
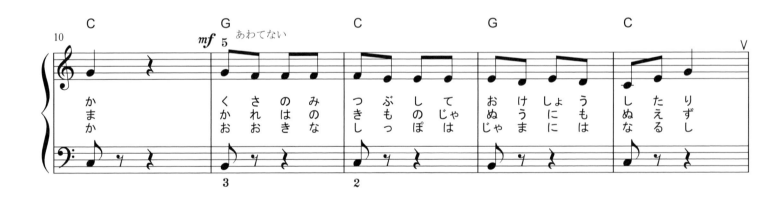

9. まっかな秋

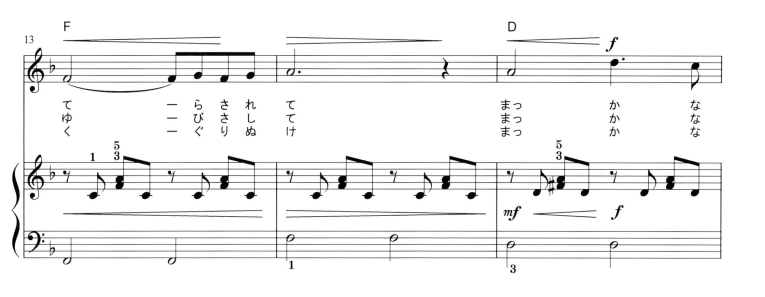
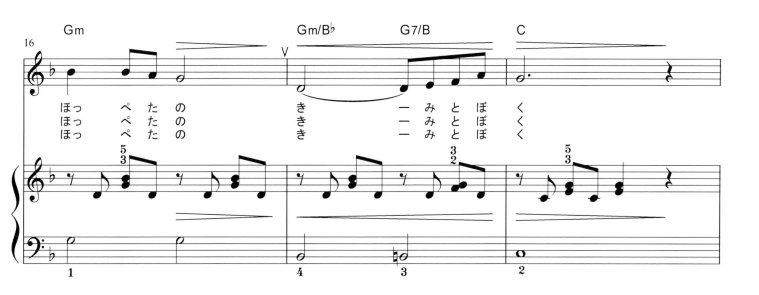
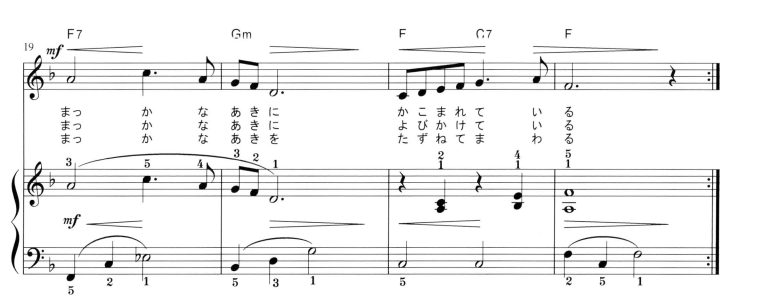

9. まっかな秋

薩摩　忠　作詞
小林　秀雄　作曲
望月たけ美　編曲

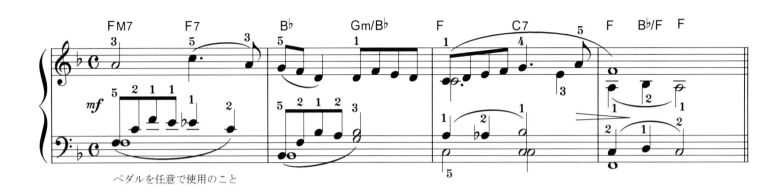

ペダルを任意で使用のこと

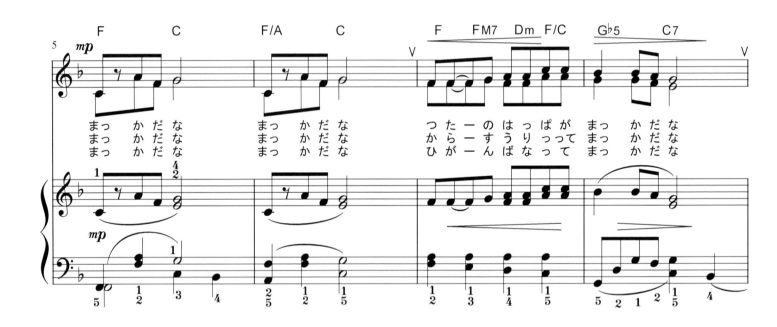

まっ かだ な な　　まっ かだ な な　　つた ー の はっ ぱ が まっ かだ な な
まっ かだ な な　　まっ かだ な な　　から ー すう りっ て まっ かだ な な
まっ か だ な　　まっ か だ な　　ひ が ー ん ば なっ て まっ か だ な

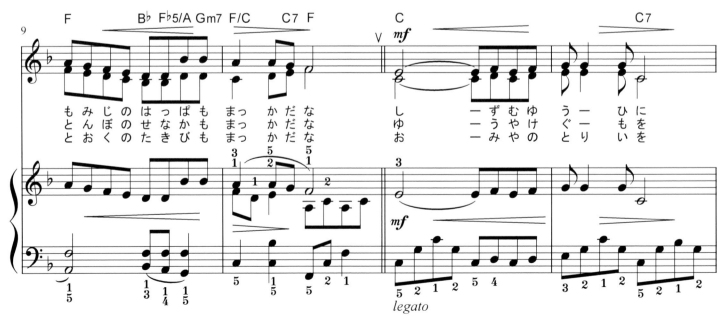

も み じ の はっ ぱ も まっ か だ な な　　し ゆ　 ー ず む ゆ　 う ー ひ に を
と み ん ぼ の せ な か も まっ か か だ な な　　お　 ー う み や の と り　 い
　 と お く の た き び も まっ か か だ な　 　 　 　　 　 　 　 　　 　 　 　 　

legato

10. まつぼっくり

広田 孝夫 作詞
小林つや江 作曲
石橋 裕子 編曲

A

おはなしするように ♩=84

まつぼっくりが

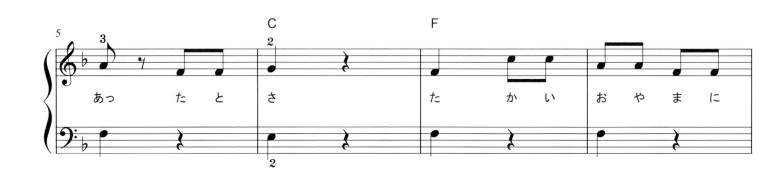
あったとさ　たかいおやまに

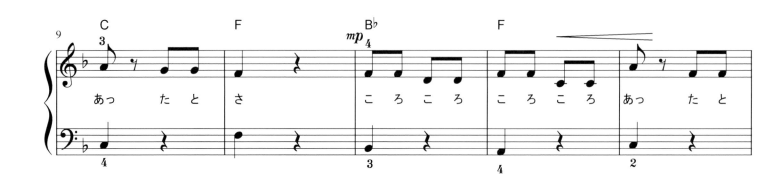
あったとさ　ころころころころあったと

さ　おさるがひろってたべたとさ

10. まつぼっくり

広田 孝夫 作詞
小林つや江 作曲
須田三枝子 編曲

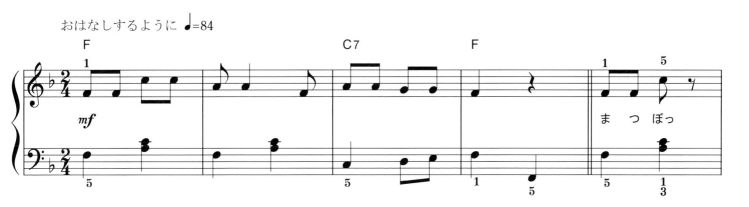
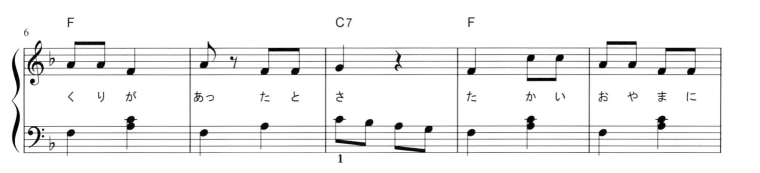
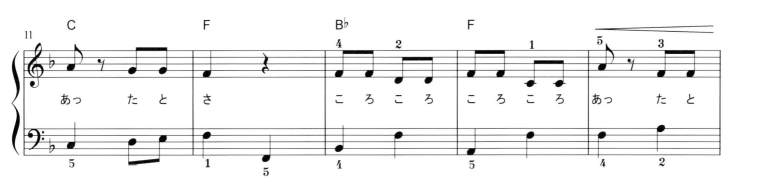

11. もみじ

古村 徹三 作詞
日本教育音楽協会
石橋 裕子 編曲

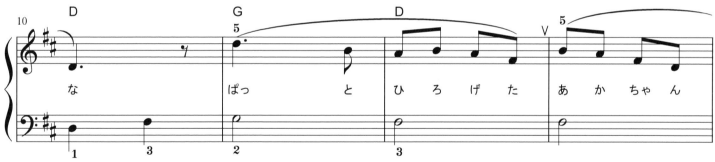
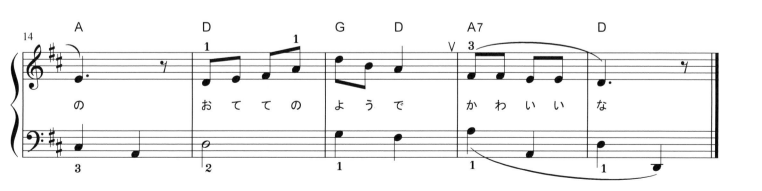

11. もみじ

古村 徹三 作詞
日本教育音楽協会
須田三枝子 編曲

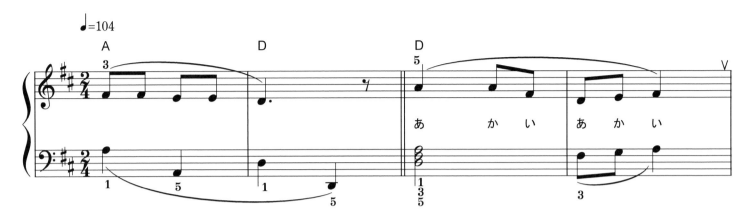
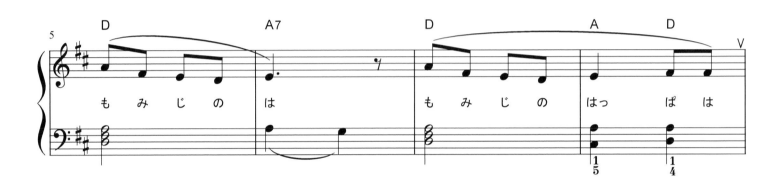
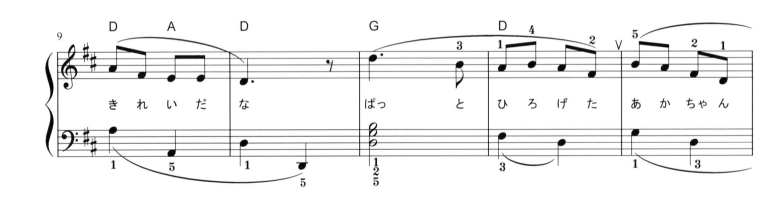
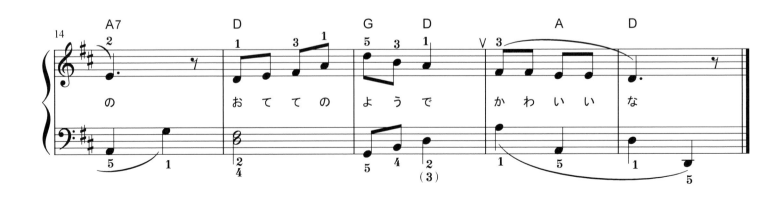

12. たき火

巣　聖歌　作詞
渡辺　茂　作曲
石橋　裕子　編曲

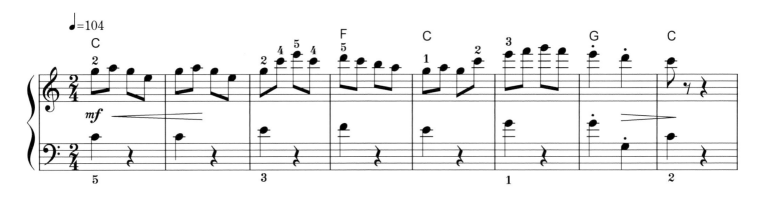
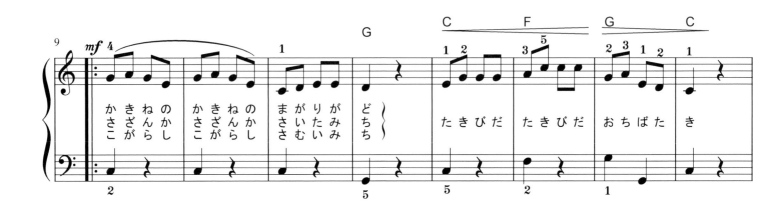
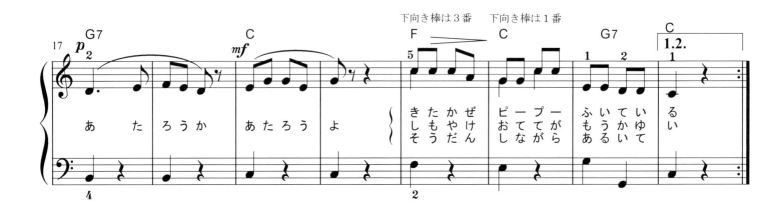

12. たき火

巽 聖歌 作詞
渡辺 茂 作曲
須田三枝子 編曲

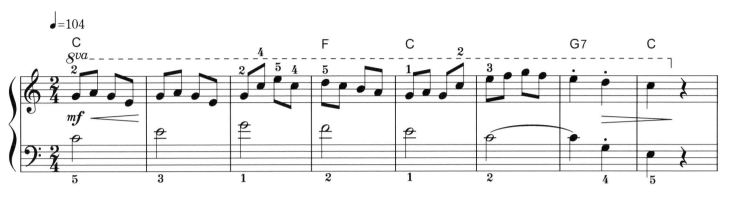
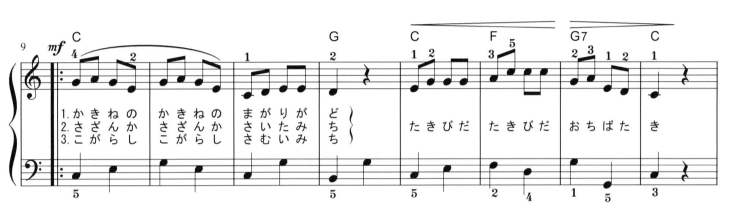
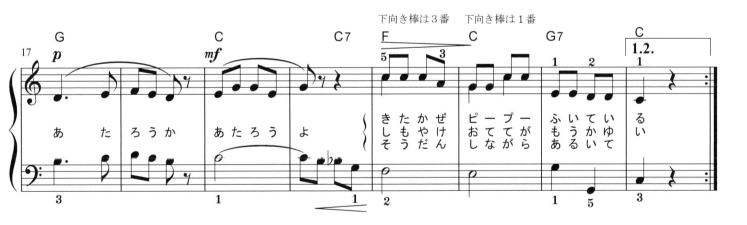
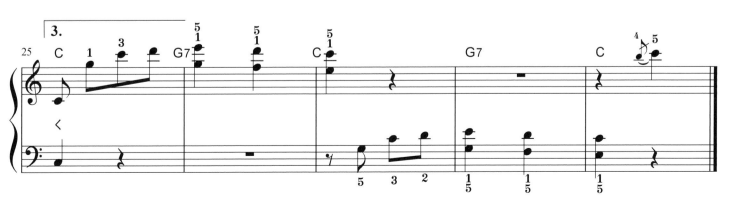

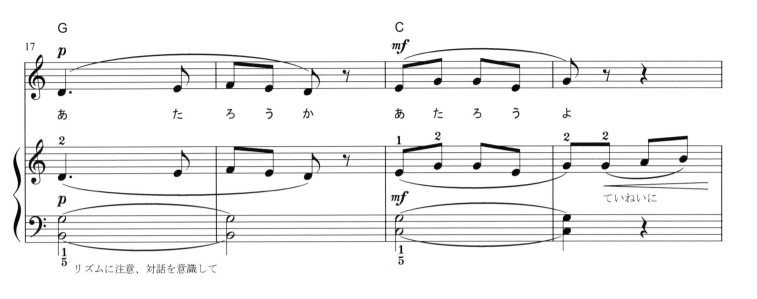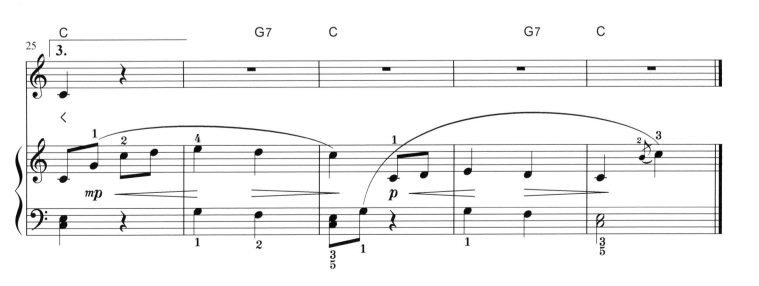

12. たき火

巽　聖歌　作詞
渡辺　茂　作曲

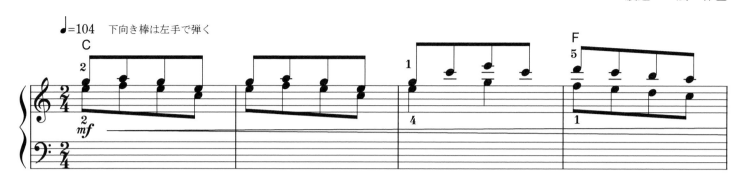
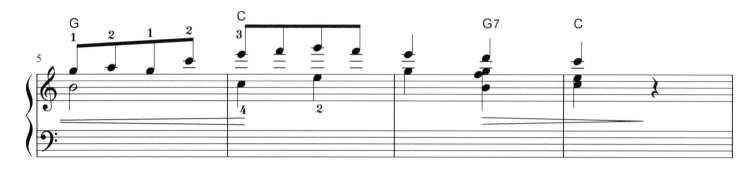
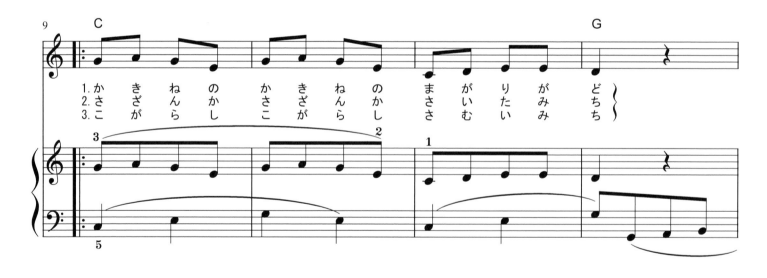
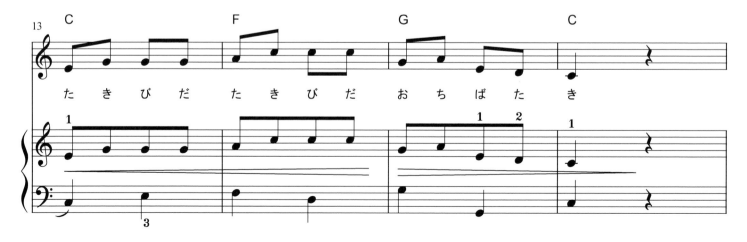

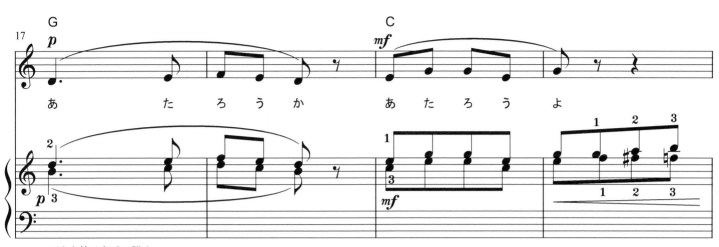
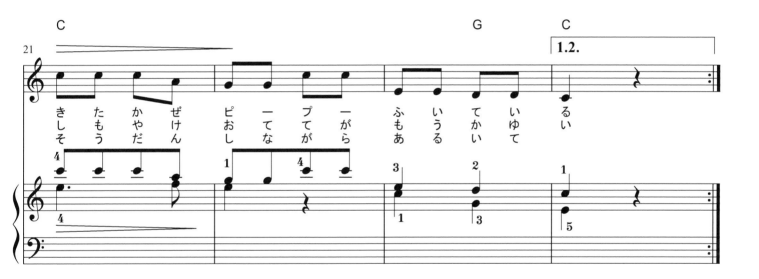

13. どんぐりころころ

A

青木　存義　作詞
梁田　貞　作曲
石橋　裕子　編曲

上向き棒は1番、下向き棒は2番

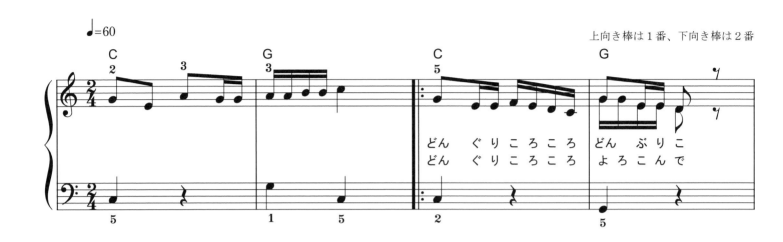
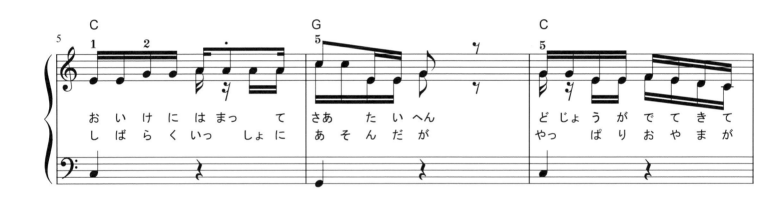
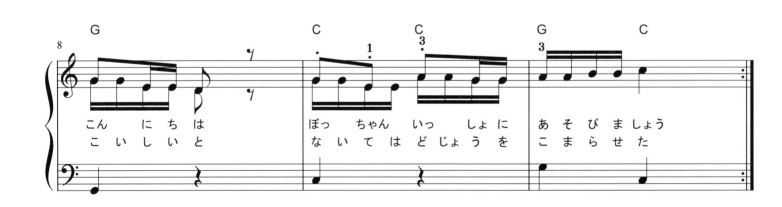

13. どんぐりころころ

青木 存義 作詞
梁田 貞 作曲
須田三枝子 編曲

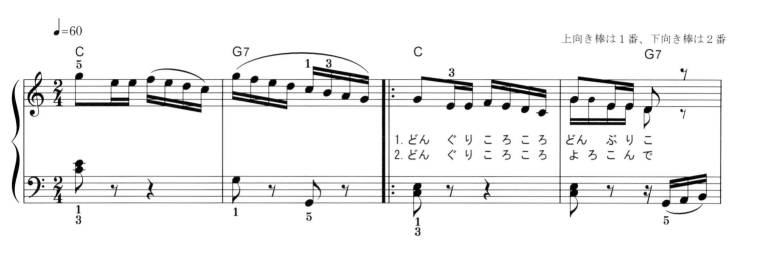
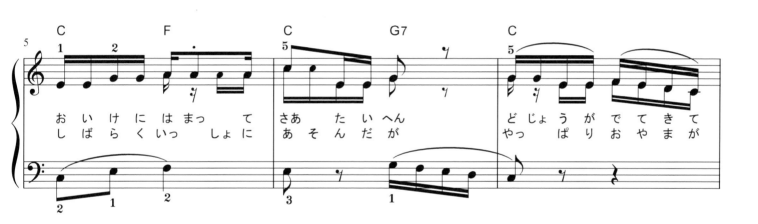

13. どんぐりころころ

青木　存義　作詞
梁田　貞　作曲
松井　晴美　編曲

上向き棒は1番、下向き棒は2番

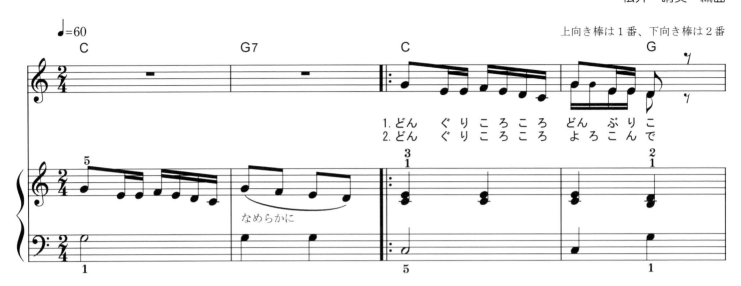

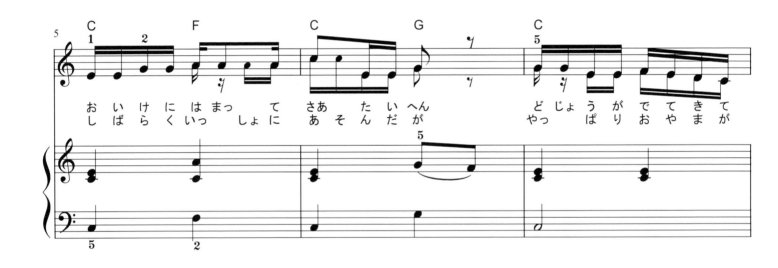

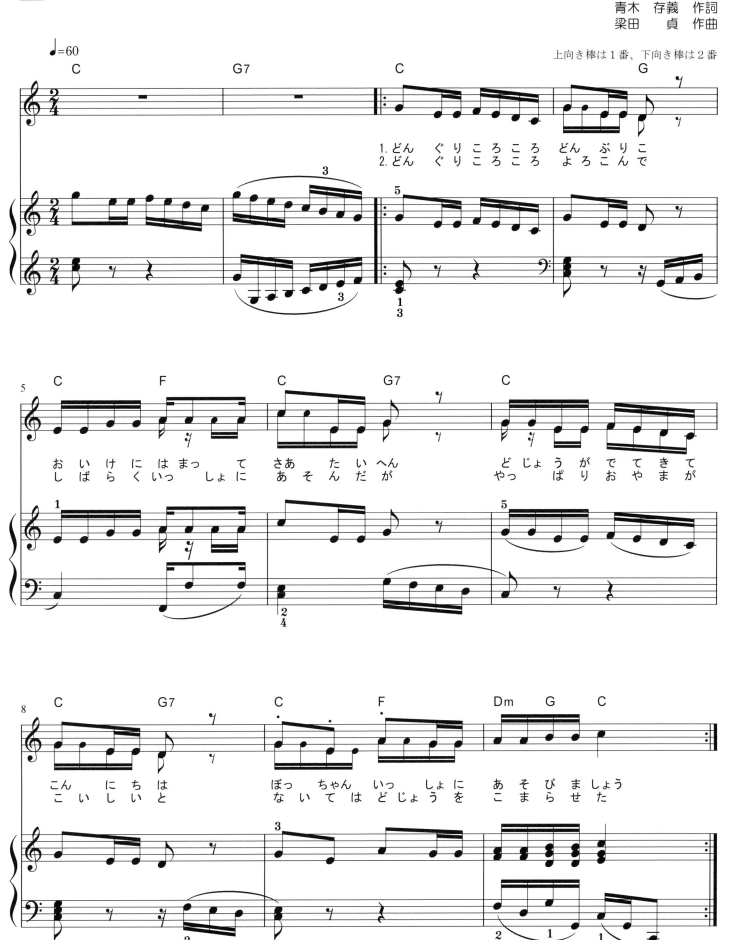

〈コラム4〉

さんはい、先うたいのタイミング

〈コラム2〉(p.16) で書きましたが、前奏の終わりに「さんはい」「どうぞ」等の声をかけ、歌の出だしを合図します。最初はタイミングを取ることが難しいので、何度も練習しましょう。

何拍子であっても、歌の1拍前に「はい」を、その1拍前に「さん」と言うのが原則です。

「こいのぼり」（近藤宮子 作詞 / 作曲者不詳）

「お正月」（東 くめ 作詞 / 滝廉太郎 作曲）

先歌いは、その歌詞の1小節前に言います。子どもが歌えるよう、聞こえるようにはっきりと言うことが必要です。先歌い以外は弾き歌いますので、歌う→先歌い→歌う→先歌いのように、曲を進めていきます。

「お正月」（東 くめ 作詞 / 滝廉太郎 作曲）

（石橋裕子）

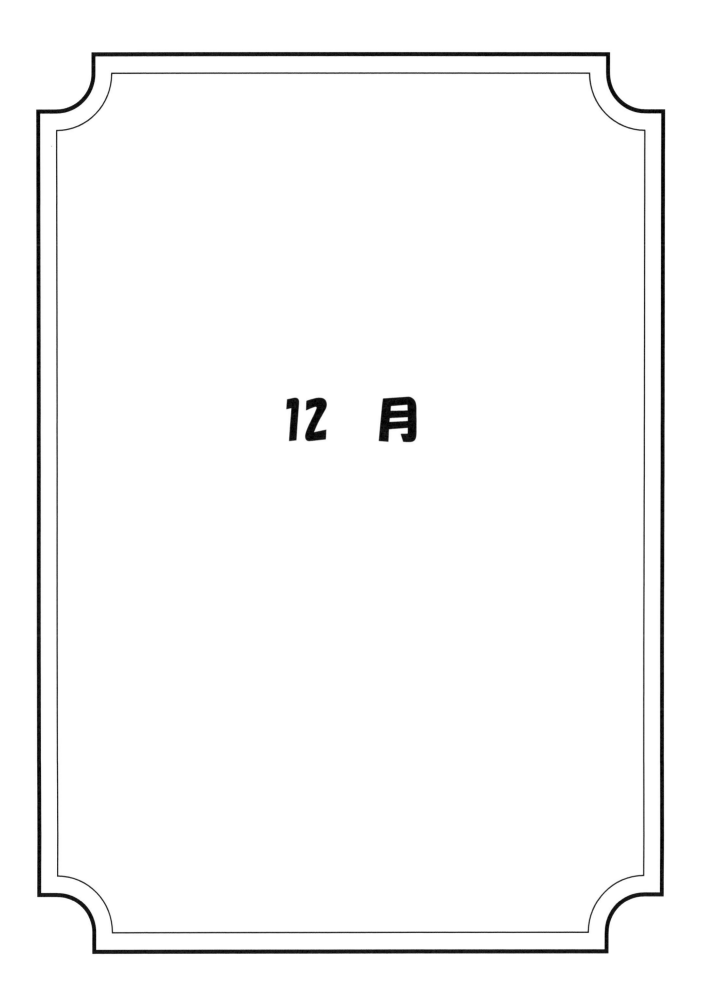

14. あわてん坊のサンタクロース

吉岡　治　作詞
小林　亜星　作曲
石橋　裕子　編曲

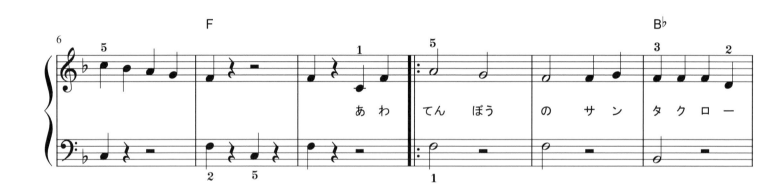

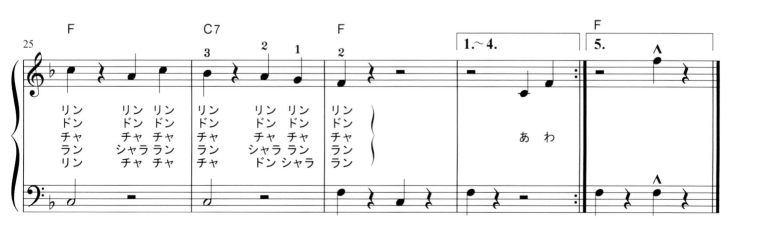

14. あわてん坊のサンタクロース

吉岡　治　作詞
小林　亜星　作曲
松井　晴美　編曲

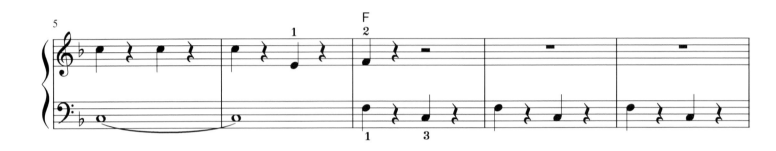
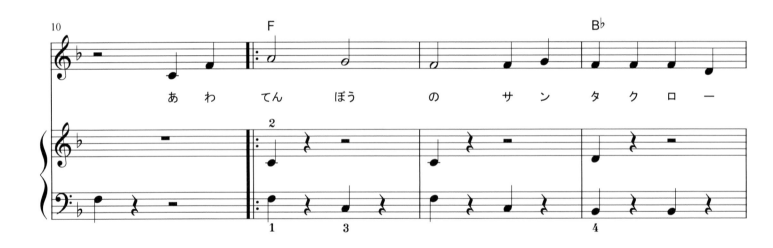

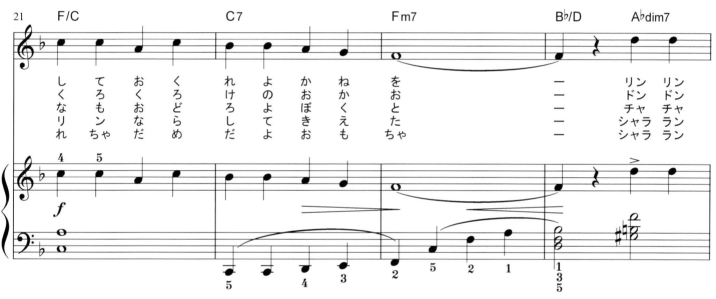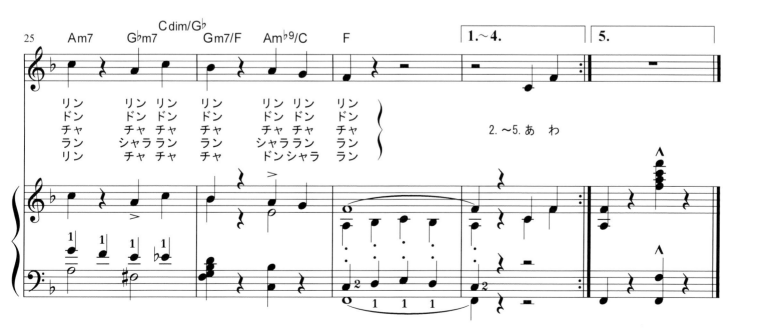

15. お正月

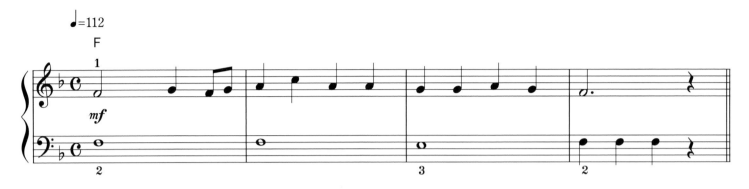

77

15. お正月

東　くめ　作詞
滝　廉太郎　作曲
松井　晴美　編曲

1. もう いくつ ねる と おしょうがつ
2. もう いくつ ねる と おしょうがつ

4分音符は速くならないように、拍子を感じて

棒が上向きの音符は1番、下向きの音符は2番

おしょうがつには たこあげて こまを まわして あそびましょう
おしょうがつには まりついて おいばねついて あそびましょう

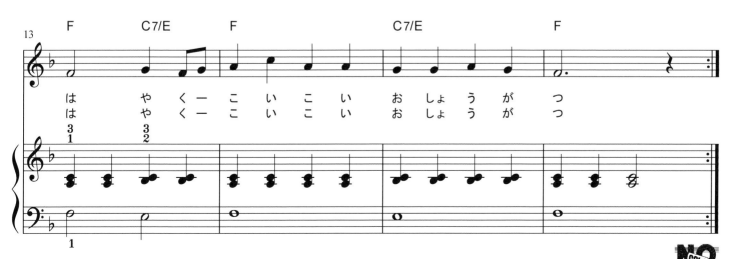

は やく― こい こい おしょうがつ
は やく― こい こい おしょうがつ

〈コラム5〉

なぜ暗譜するの？

笑顔の作り方、声の飛ばし方

〈コラム2〉(p.16) で述べましたが、弾き歌いする時には、鍵盤や楽譜だけではなく、時々子どもの方を見ます。ずっと鍵盤を見続けて弾くためではなく、子どもの様子を見ながら演奏するために暗譜します。また、暗譜していると、ピアノがあれば楽譜がなくてもいつでも演奏することができます。

ところで、演奏するときに、顔の表情を気にしたことはありますか？ プロのモデルは、歯を出さずに口角を上げて笑顔を作る練習をする、と聞いたことがありますが、歌うときも同じです。子どもの歌を引っ張って行くためには、ピアノだけではなく歌う技術も必要ですが、笑顔をつくることもそのひとつです。子どもたちが発表会などで演奏しているときの顔の表情で、そのクラスの先生の演奏しているときの表情がわかります。なぜならば、子どもは教師とそっくりの表情で演奏するからです。にこにこ笑って弾き歌う教師のクラスはリラックスした表情で、暗い顔や怒った表情で弾き歌うことの多い担任のクラスは、萎縮したり乱暴な演奏になるものです。

目を閉じていると、声を遠くに飛ばすことが出来ません。ですから、目をできるだけ開けて歌うことが大切です。目を大きく開けると、面白い顔になることはあっても怒った顔はできません。「目を大きく開ける」と「眉毛を上げる」は同じですので、どちらかを実行するだけで、豊かな声を出す準備ができます。

さらに、あまり口を大きく開けすぎず、なるべく遠くに向かって歌います。そうすることで、声が遠くに飛び、ピアノの音にかき消されることなく、子どもに届くようになります。

座って歌うときの発声

子どもが歌いやすい演奏のポイントは？

座って歌うのと立って歌うのとでは、どちらが歌いやすいでしょうか。

答えは立って歌うことです。立って歌うときには足や腰などいくつもの部位で体幹を支えますが、座って歌うときには、腰に大きな負担を掛けて姿勢を保ちます。ですから、立って歌う方が、声も遠くに飛ばしやすいと言えます。

座って歌うときには姿勢良く腰掛け、目を大きく開けて怒った顔をせずに歌いましょう。

その上で、歌を消さないピアノ伴奏技術を身につけることが大切です。子どもの歌をバックアップするための「伴奏」であり、教師の演奏を聴かせる「独奏」ではありません。そこで、以下のような演奏ができるように練習しましょう。

① 前奏は間違わずに弾く。
② 歌の部分は、間違っても止まらずに最後まで弾く。
③ 止まってしまいそうになったら、片手だけは弾き続ける。
④ メロディー（主に右手）が聞こえるよう、伴奏（左手）を少し小さく弾く。
⑤ 楽譜にある強弱記号や発想記号など楽語の意味を調べ、作曲者の「意志」を表現する。

（石橋裕子）

16. ジングルベル

音羽たかし・あらかはひろし　訳詞
ピアポント　作曲
石橋　裕子　編曲

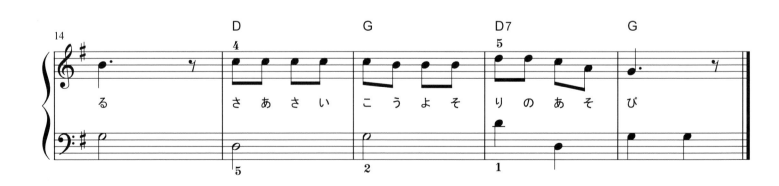

16. ジングルベル

音羽たかし・あらかはひろし 訳詞
ピアポント 作曲
松井　晴美 編曲

16. ジングルベル

音羽たかし・あらかはひろし 訳詞
ピアポント 作曲
望月たけ美 編曲

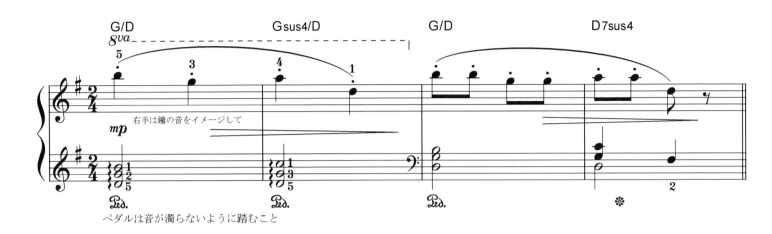

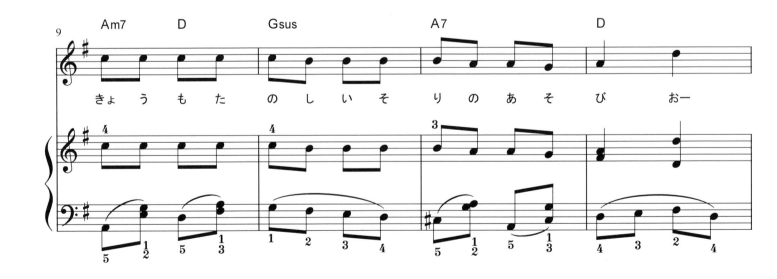

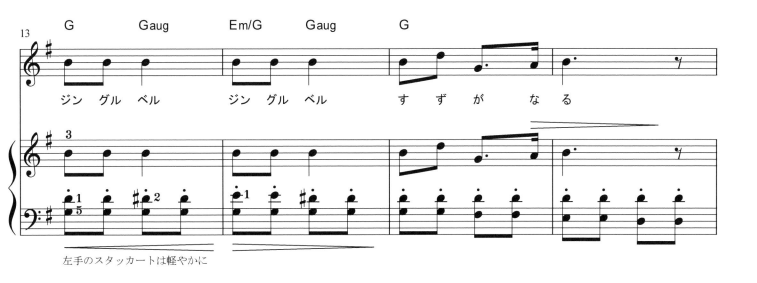
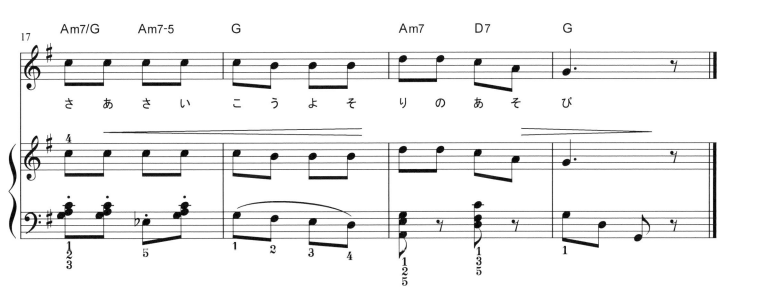

17. おほしがひかる

由木　康　訳詞
ドイツ民謡
石橋　裕子　編曲

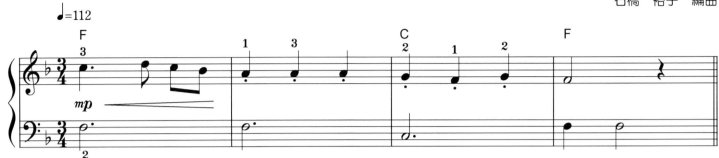
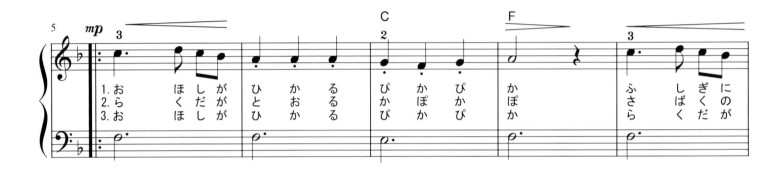
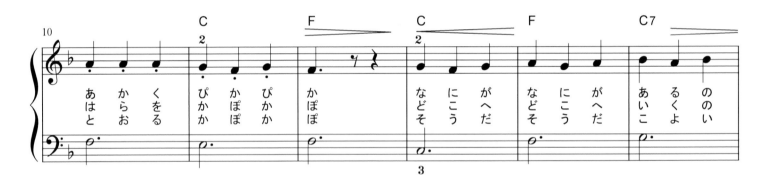

17. おほしがひかる

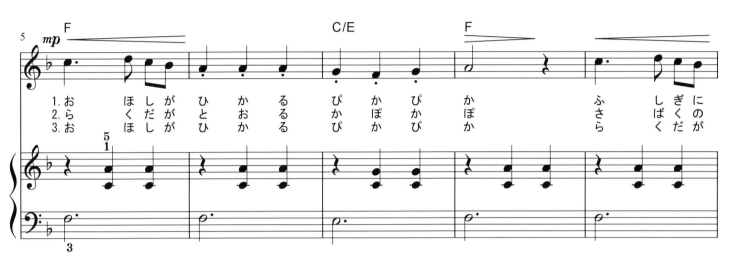
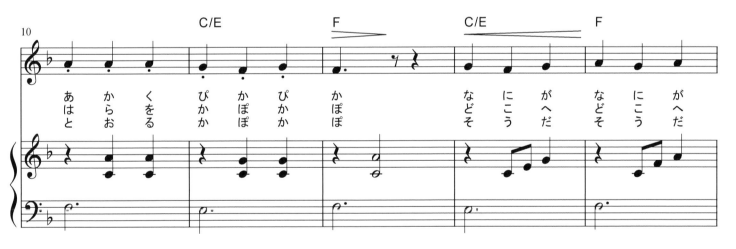

17. おほしがひかる

由木　康　訳詞
ドイツ民謡
望月たけ美　編曲

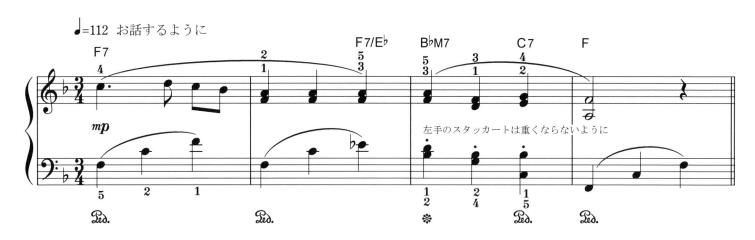
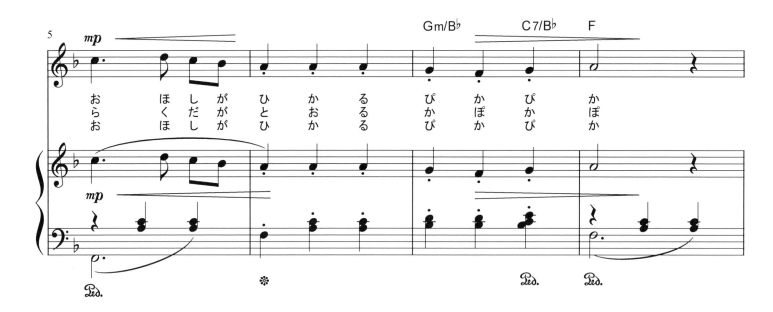
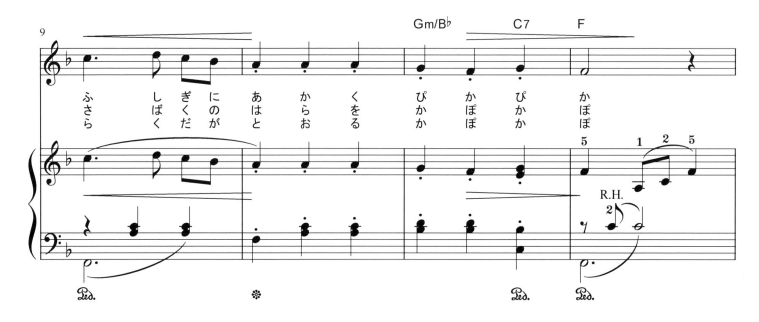

〈コラム６〉

音楽的な理論 ②-1

《強弱記号》（音の強さを表します）

記号	**pp**	**p**	**mp**	**mf**	**f**	**ff**
	ピアニッシモ	ピアノ	メッゾ・ピアノ	メッゾ・フォルテ	フォルテ	フォルティッシモ
	とても弱く	弱く	少し弱く	少し強く	強く	とても強く

弱い ←――――――――――――――――→ 強い

　強弱記号の表す意味である「弱く」「強く」は、音の大きさの基準が数値化されたものでなく、相対的にとらえたものです。そのため曲によって一概に部分の強さが決まっているわけではありません。その曲に相応しい *p* や *f* を考えながら演奏することが大切です。

《スラー》

左の楽譜内の ⌒ や ‿ の記号は異なる高さの２つ以上の音をつないでいます。この記号はつながれた音を滑らかに演奏するという意味でスラーといいます。
スラーの演奏は、最後の音をその手前の音より優しく、またはやや弱めにソフトに弾くことで、より滑らかな流れを演出できるといわれています。

《タイ》

左の楽譜内の ⌒ や ‿ の記号は同じ高さの音をつないでひとつの音の響きにします。この記号は同じ高さの音をつないで演奏するという意味でタイといいます。
タイの演奏はつながれた音符の長さの合計の長さを伸ばして演奏します。

《速度を数字で示す記号》

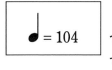

　　　　　　１分間に ♩（４分音符）を104回打つ速さで演奏するという意味です。
　　　　　　つまり ♩＝60とは秒針の速さと同じです。速度を示す記号にはこのほかに言葉によって示す記号もあります。

（飯泉祐美子）

1. Happy Birthday to You
おめでとう たんじょうび

J.M. Hill / S.P. Hill 作詞・作曲
石橋 裕子 編曲

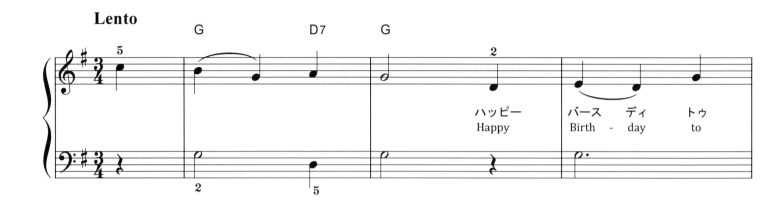
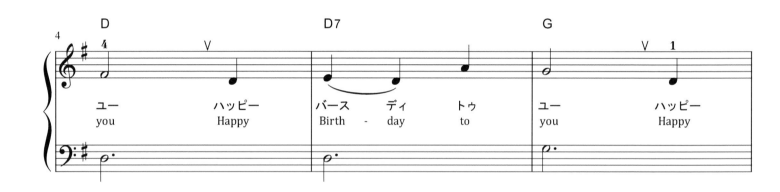
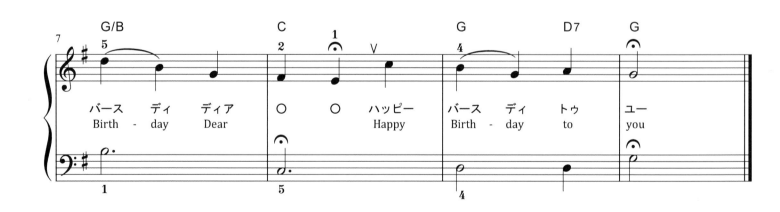

1. Happy Birthday to You

J.M. Hill / S.P. Hill 作詞・作曲
角田 玲奈 編曲

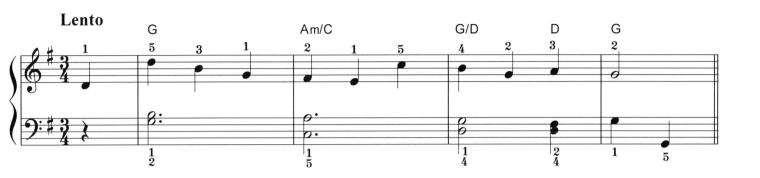
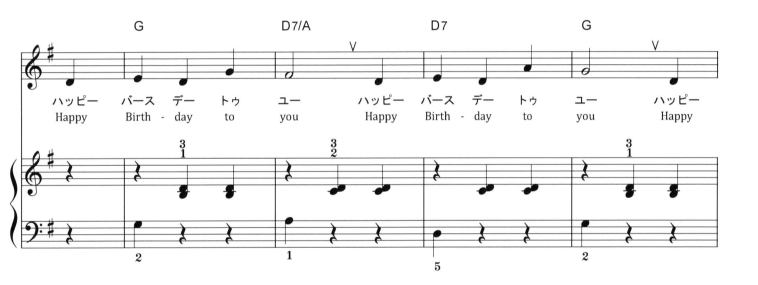
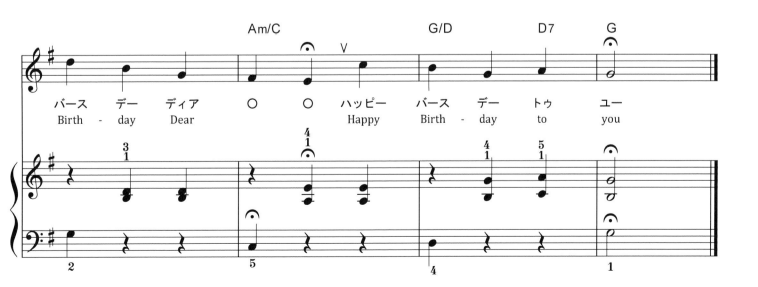

1. Happy Birthday to You
おめでとう たんじょうび

J.M. Hill / S.P. Hill 作詞・作曲

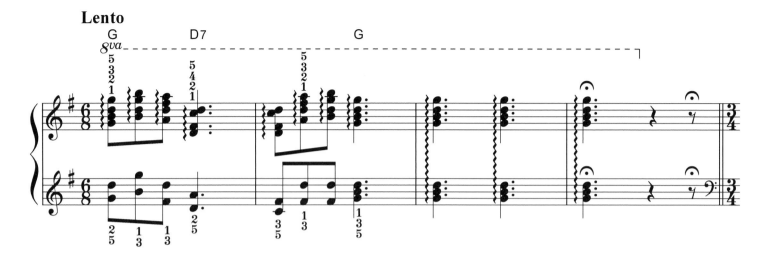
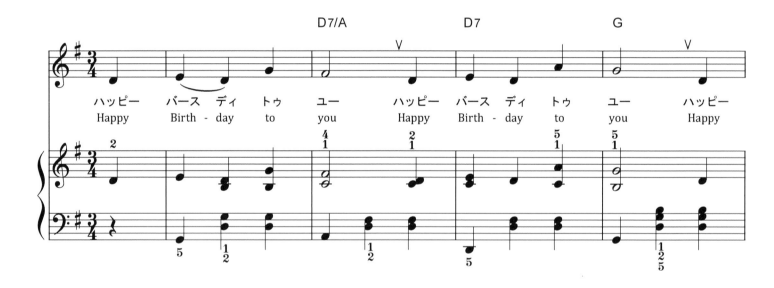
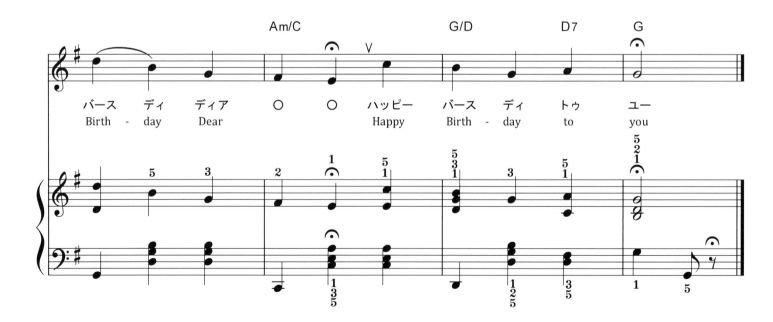

2. すうじの歌

夢 虹二 作詞
小谷 肇 作曲
石橋 裕子 編曲

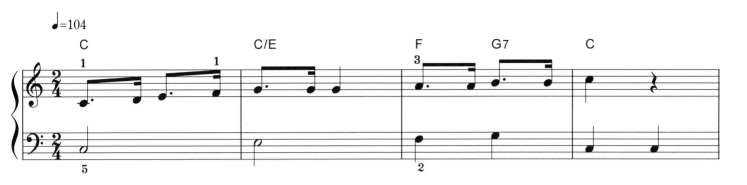

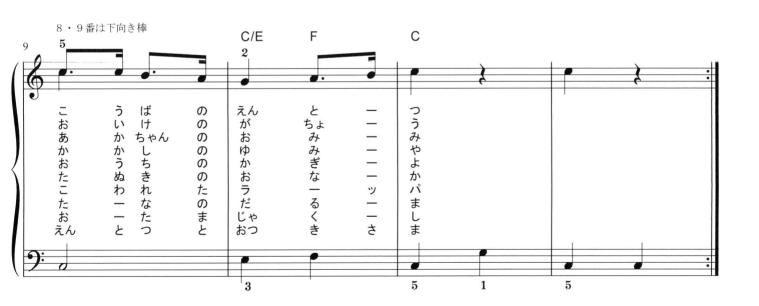

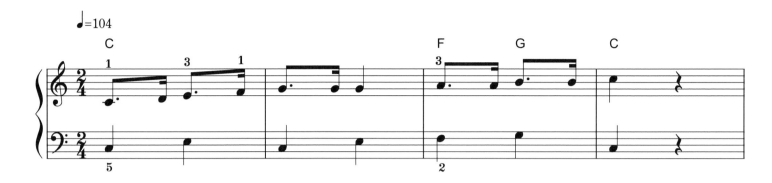

2. すうじの歌

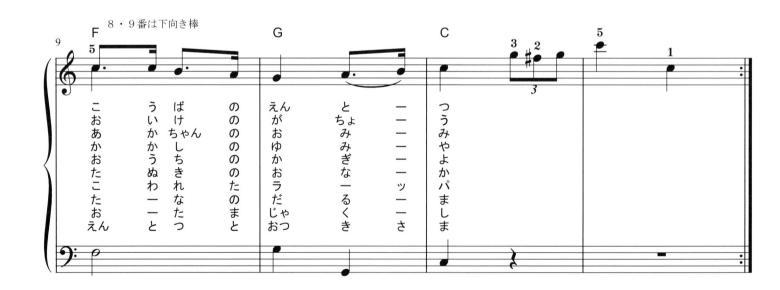

3. ともだち賛歌

阪田 寛夫 訳詞
アメリカ民謡
石橋 裕子 編曲

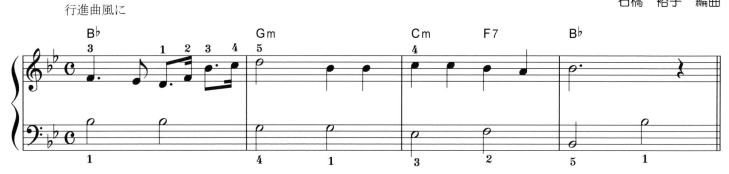

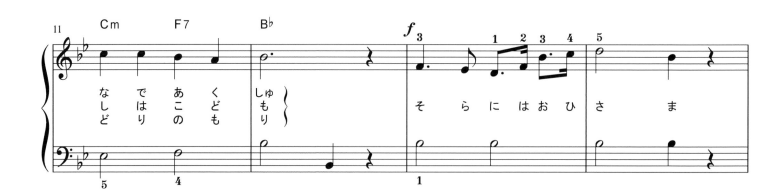

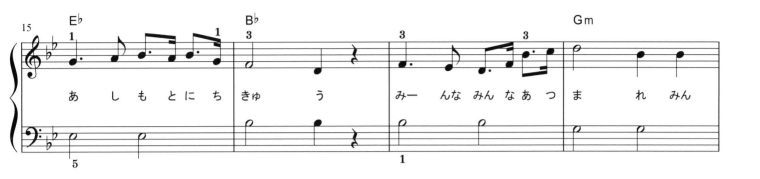

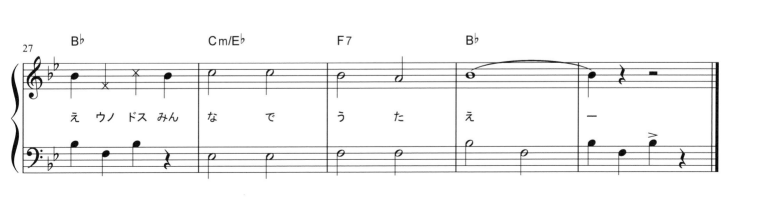

3. ともだち賛歌

阪田 寛夫 訳詞
アメリカ民謡
岡部 絵実 編曲

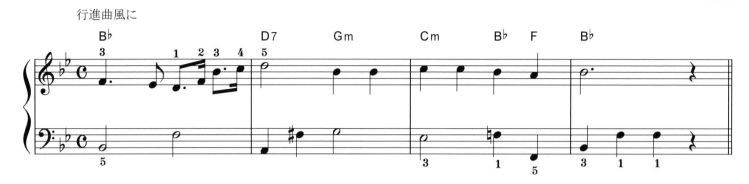

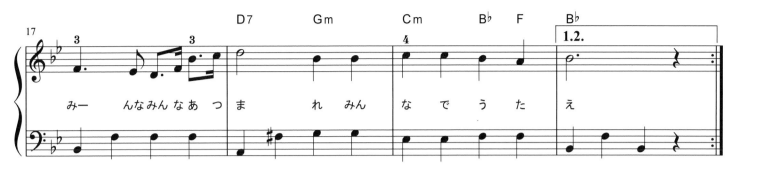

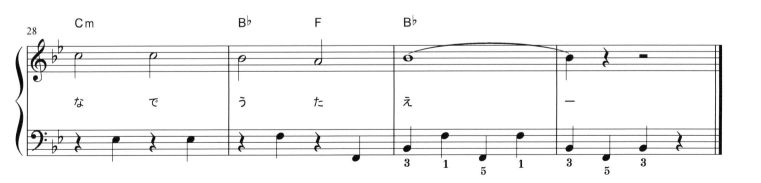

4. ふしぎなポケット

まど・みちお 作詞
渡辺 茂 作曲
飯泉祐美子 編曲

4. ふしぎなポケット

まど・みちお 作詞
渡辺 茂 作曲

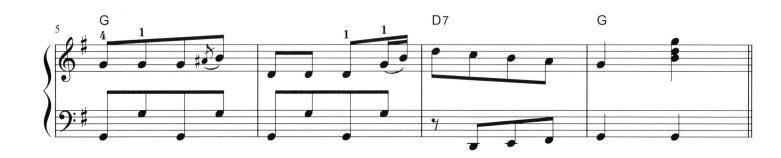

1. ポケットの なかには ビスケットが ひとつ
2. もひとつ たたくと ビスケットが みっつ

ポケットを たたくと ビスケットは ふたつ
たたいて みるたび ビスケットは ふえる

〈コラム7〉

奏法について ①-1

《トレモロ》

トレモロとは示された音を速いテンポで反復する奏法です。省略せずに楽譜に示すと譜例2のようになります。

《グリッサンド》

グリッサンドとは指を滑らせるという意味で、高さの異なる音の間を指先（爪）を使って滑らせて弾く奏法です。つまり1音1音指で弾くのではありません。主に3のゆび（中指）の指先を滑らせます。手首を指先より先に移動するようにすると比較的スムーズに滑らせることができます。状況によっては1のゆび（親指）2のゆび（人差し指）4のゆび（薬指）を臨機応変に使用します。譜例3のグリッサンドは高いほうから低いほうに滑らせる奏法です。

《アルペジオ》

和音の音を一つずつ順番に（下からまたは上から）弾く奏法です。譜例4のように記譜します。ふたつの和音によるアルペジオは譜例5です。実際演奏する音を記譜すると譜例6、譜例7のようになります。手首を柔軟にして素早く滑らかに横に動かすことを意識して演奏します。弾き終えた音を持続する為鍵盤に指を残す奏法となっています。補助的にペダルを併用します。

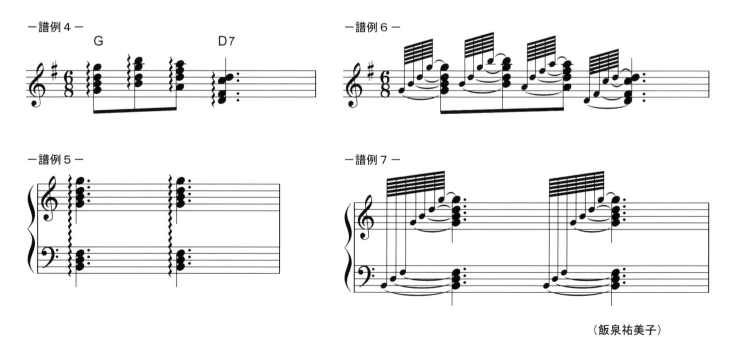

（飯泉祐美子）

5. ぼくのミックスジュース

五味 太郎 作詞
渋谷 毅 作曲
望月たけ美 編曲

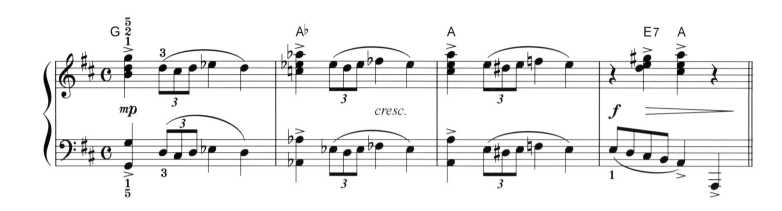
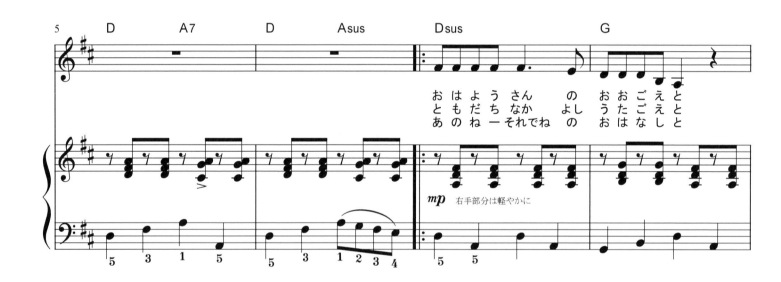
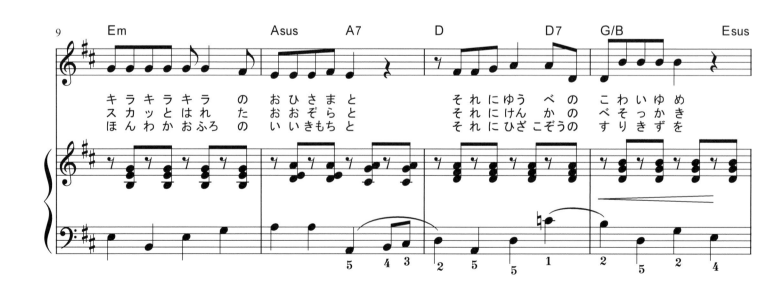

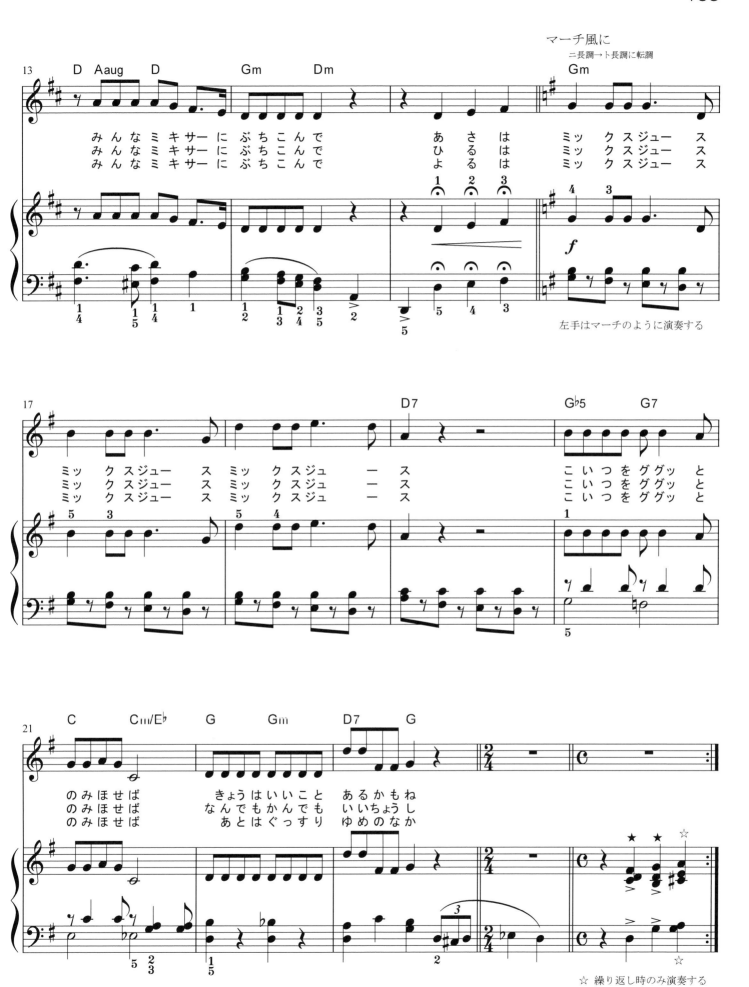

5. ぼくのミックスジュース

五味 太郎 作詞
渋谷 毅 作曲
望月たけ美 編曲

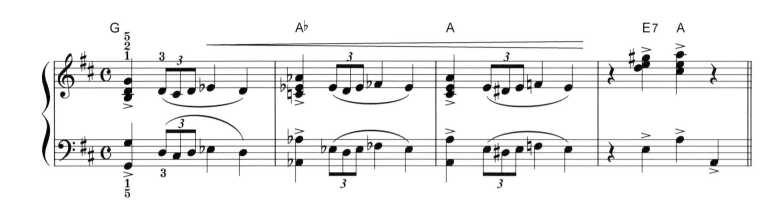

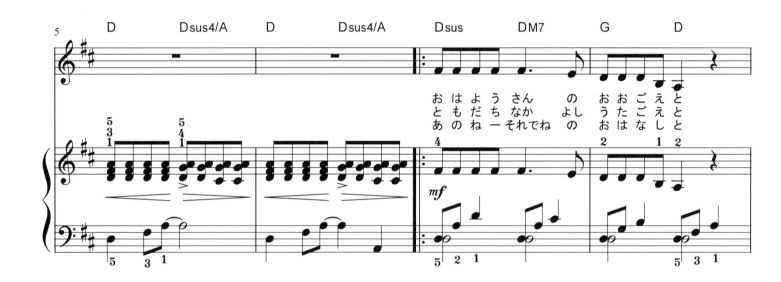

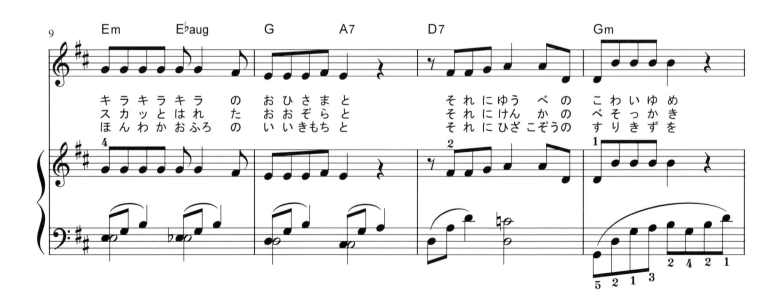

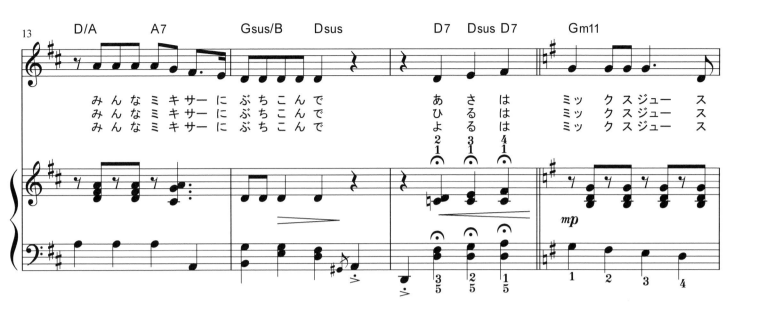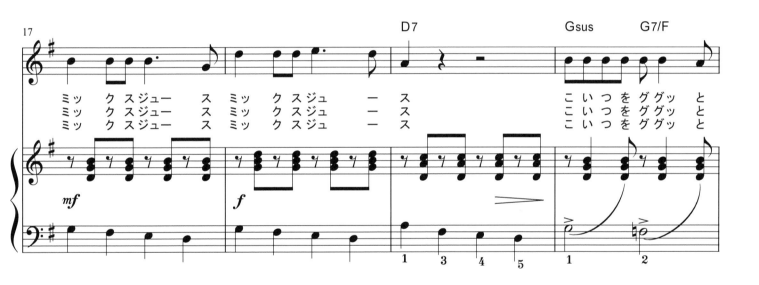

〈コラム8〉

キーボード購入について

　集合住宅などでは、アップライトピアノやグランドピアノを置くスペースがない等の理由で、自宅に練習楽器のない方もいらっしゃると思います。電子ピアノやキーボードであれば立てかけて収納できます。電子ピアノやキーボードの購入を検討しましょう。

　電子ピアノは、複数の会社から多くの商品が発売されています。脚のあるタイプや机の上に置くタイプ、様々な機能がついている機種やピアノ音だけのタイプ、鍵盤の数がピアノと同じ数のものや少ないタイプなど、その種類は多岐に渡り、価格も様々です。

　設置する場所に見合った大きさを選ぶことが必要ですが、鍵盤の数が少ないと、演奏する曲によっては鍵盤が足りないことがあります。一般的な電子ピアノの鍵盤数は、32〜37鍵盤・41〜49鍵盤・61鍵盤・76鍵盤・88鍵盤のいずれかに属していることがほとんどです。ピアノの鍵盤は88鍵ありますので、なるべく鍵盤数の多い楽器を選びましょう。

　リサイクルショップで売られている楽器は安価ですが、電化製品（消耗品）ですので、購入してすぐに音が出なくなる可能性があります。出来るだけ新しい型を選ぶか、新品を求めることをお勧めします。

　電子ピアノはコンピューターが内蔵された楽器です。故障の原因になりますので、湿度の高い場所に設置したり、飲み物を楽器のそばに置くのは避けましょう。また、消しゴムのカスを鍵盤の中に入れると音が出なくなりますので、十分に気をつけましょう。

　電子ピアノは楽器店をはじめ、大型スーパーマーケットや家電量販店、通販ショップなどで、安く手に入れることが出来ます。

　ヘッドホンを一緒に買うと、夜中でもピアノの練習ができます。100円ショップなどで売られている、又は、普段携帯電話やスマートフォンなどで使っているイヤホンに、家電量販店などで売られている専用のイヤホンジャックを接続すれば、立派なヘッドホンを買わなくても十分に使えます。

（石橋裕子）

6. どんな色がすき

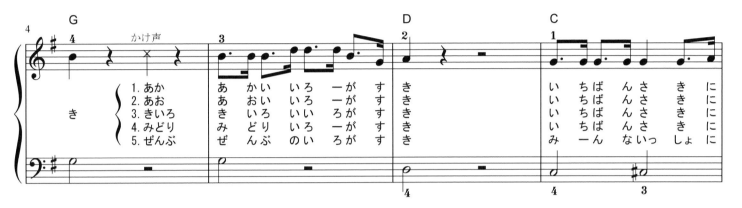

〈コラム９〉

音楽的な理論 ②-2

拍

人間の身体は一定の「鼓動（脈）」を刻みます。同じように音楽にも身体の「鼓動」と似た刻みがあります。これを「拍」といいます。この「拍」の流れによって「拍動」が生まれ、音楽の流れや雰囲気をかたちづくっています。

拍子について

「拍」が一定に刻まれることによって規則的な強弱の「拍」のまとまりができます。これを「拍子」といいます。

拍子記号

楽譜にはその曲の拍子を記号で表します。その記号を拍子記号といい、一般的には楽譜の冒頭に分数の形で示します。

拍子記号の読み方と意味

拍子記号は分数と同様のよみ方をします（下の数字分の上の数字）。しかし、その意味は数学と異なります。

音楽では次のような意味となります。

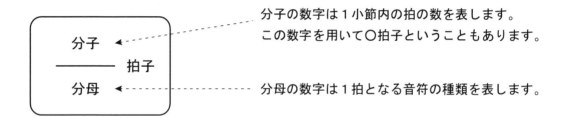

分子の数字は１小節内の拍の数を表します。
この数字を用いて〇拍子ということもあります。

分母の数字は１拍となる音符の種類を表します。

《分母の数字の考え方》
　分母が４の時は、「４分の・・・」とよみ ♩ が１拍となります。
　分母が８の時は、「８分の・・・」とよみ ♪ が１拍となります。
　分母が２の時は、「２分の・・・」とよみ 𝅗𝅥 が１拍となります。

《分子の数字の考え方》
　分子が２の時は１小節内に１拍となる音符が２拍あるという意味で、２拍子といいます。
　分子が３の時は１小節内に１拍となる音符が３拍あるという意味で、３拍子といいます。
　分子が４の時は１小節内に１拍となる音符が４拍あるという意味で、４拍子といいます。
　分子が６の時は１小節内に１拍となる音符が６拍あるという意味で、６拍子といいます。

つまり、$\frac{3}{4}$ 拍子とは ♩ が１小節内に３拍あるという意味です。

「４分の３拍子」とよみます。

拍子の種類

拍子には「①　2　①　2　①　2　・・・」というまとまりを感じる2拍子のなかま、

「①　2　3　①　2　3　①　2　3　・・・」というまとまりを感じる3拍子のなかま、

「①　2　3　4　①　2　3　4　①　2　3　4　・・・」または

「①₂③₄①₂③₄①₂③₄・・・」というまとまりを感じる4拍子のなかまがあります。

（※　◎数字は強い拍・・・強拍、〇数字は中ぐらいの拍・・・やや強拍）

2拍子のなかま・・・4分の2拍子　$\frac{2}{4}$　　8分の6拍子　$\frac{6}{8}$　　2分の2拍子　$\frac{2}{2}$

3拍子のなかま・・・4分の3拍子　$\frac{3}{4}$　　8分の3拍子　$\frac{3}{8}$　　2分の3拍子　$\frac{3}{2}$

4拍子のなかま・・・4分の4拍子　$\frac{4}{4}$

（飯泉祐美子）

〈コラム10〉

奏法について ①-2

ここでは装飾記号・装飾音について取り上げます。

装飾記号・装飾音とは

装飾記号とは特定の音を装飾するための記号のことです。また、装飾音とは、記号のつけられた特定の音を装飾するための音のことです。以下のようなものが本シリーズの曲に出てきます。

《装飾記号》

トリル、トリラー

以下のような記号であらわします。楽譜上では譜例1のようになります。そして実際の奏法は譜例2のようになります。数種類の奏法があります。曲調などを考えながら、もっとも自分のレベルにふさわしいものを選び練習します。

《装飾音》

前打音

前打音には長前打音、短前打音、複前打音があります。本シリーズでは短前打音が登場します。楽譜上では譜例3のようになり、実際の奏法は譜例4のようになります。

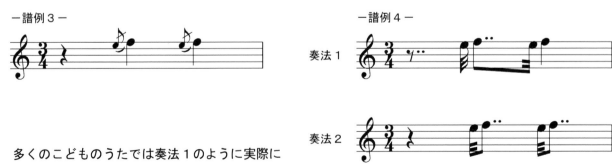

多くのこどものうたでは奏法1のように実際に書き示されたリズムよりやや前に飛び出すような感じで（8分の1拍前）に演奏するものが多くみられます。

（飯泉祐美子）

自分で伴奏を付けてみよう

1. メリさんのひつじ

高田三九三　訳詞
アメリカ曲

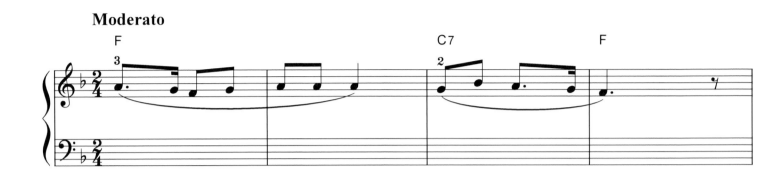
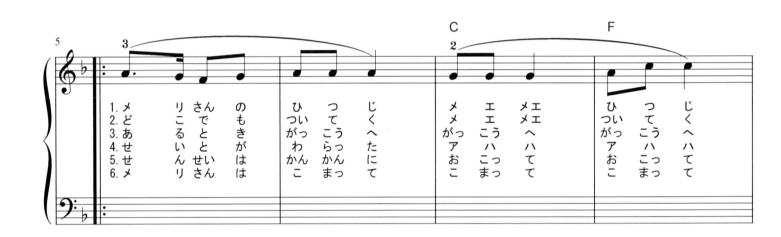

2. ロンドン橋がおちる

高田三九三　訳詞
イギリス民謡

3. きらきらぼし

武鹿 悦子 訳詞
フランス民謡

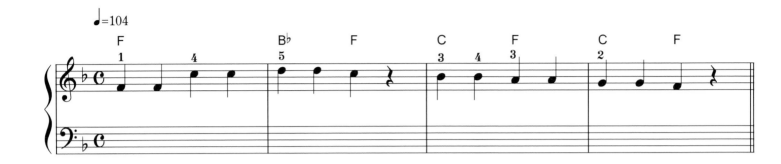

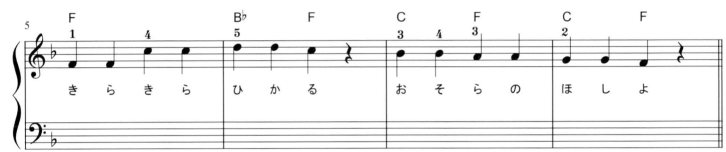

4. むすんでひらいて

訳詞者不詳
ルソー 作曲

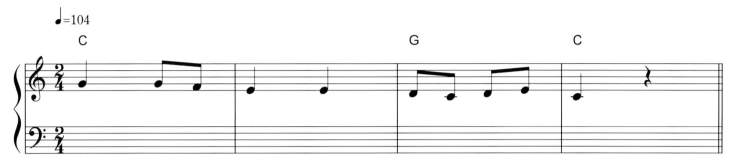
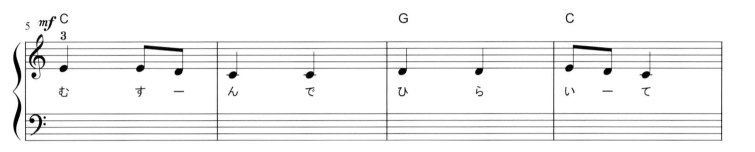
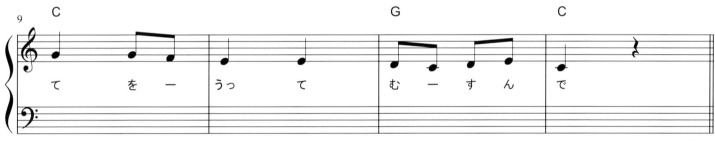
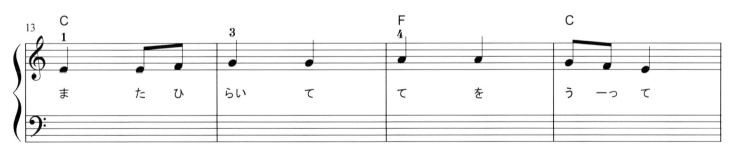

〈コラム11〉

「著作権」を知っていますか？

　この楽譜集を手に取った皆さんは、資格や免許取得のために、また、毎日の保育の中でピアノで弾き歌ったり、趣味で好きなアーティストの音楽を聴いたりしていることと思います。私たちが耳にする曲は、それを作曲や作詞した人の気持ちや考えを作品として表現したもので、「著作物」といいます。また、著作物をつくった人は「著作者」、法律によって与えられる制度が「著作権」です。著作権は、一般的に著作者の没後50年間継続します。

　著作物には以下のようなものがあります。
　① 曲や曲につけられた詩などの音楽に関するもの
　② 小説、脚本、論文などの言葉で表現されたもの
　③ 日本舞踊、ダンス、バレエなどの身振りや動作によって表現されたもの
　④ 絵画、版画、彫刻、マンガ、舞台装置などの形や色で表現されたもの
　⑤ 宮殿のような建築芸術と呼ばれる建築物
　⑥ 地図、学術的な図面、模型、地球儀などの図形や図表によって表現されたもの
　⑦ 人や風景などを撮影した写真
　⑧ 映画フィルムやCD、DVDに記録されている劇場用映画・アニメーションなどの動画、ゲームソフトなど
　⑨ コンピュータープログラム

　上記をもとにして創作されたものを「二次的著作物」といいます。音楽でいえば、編曲したものなどです。二次的著作物を作る場合には、著作者の許可が必要です。歌がついた曲の場合には、曲と詩それぞれに著作権がありますので、両方の著作者への許可が必要です。

　本楽譜集の曲の多くは二次的著作物です。著作者の許可が得られた曲のみを編曲し、編曲者名を記しています。一般的によく知られている一部の曲の中には、著作者の許可が得られないものがありました。大変残念ですが、著作権保護の観点から載せていません。また、外国曲には、許可が取れない日本語訳の詩がありました。その場合には、原語で載せています。

　日本では、主に一般社団法人日本音楽著作権協会（Japanese Sosiety for Rights of Authors, Composers and Publishers）が、国内の作詞者、作曲者、音楽出版者などの権利者から著作権の管理委託を受けるとともに、海外の著作権管理団体とお互いのレパートリーを管理し合う契約を結んでいます。
　著作権制度は、著作物を創作した著作者の努力や苦労を報いることによって、日本の文化がより一層発展できるよう、著作物の正しい利用を促すとともに、著作権を保護することを目的としています。「著作権法」の内容は大きく分けて
　① 著作物を通して著作者の人格を守る権利（著作権人格権）
　② 著作権者が著作物の利用を許可してその使用料を受け取ることができる権利（著作権または財産権）
の2つです。
　また、著作物の利用方法によって様々な権利を細かく規定しています。たとえば、上記①②の権利により、勝手にコピーすることは禁じられています（複製権）。原則的に、コピーする前に著作者の許可が必要です。著作者の許可を得て使用料を支払った場合にのみコピーできることから、本楽譜集をはじめ、市販されている楽譜の多くには「no copy」と印刷されています。
　ただし、以下のように、一定の条件のもとに、著作権者の許可を取らずに自由に利用できる場合があります（権利の制限）。
　① 学校などの教育機関で、教材作成や児童生徒が発表するためのコピー

② テレビ番組の録画など家庭など限られた場所での私的使用のためのコピー
③ 図書館の本を調査研究などのため、既定のルールにしたがってのコピー
④「　」でくくるなど明らかにして自分の著作物に他人の著作物を引用する
⑤ 入場料無料のピアノ発表会・上映会など、非営利目的で著作物を演奏・上映する

　著作者は、著作物使用料を得ることで創作活動が継続できます。コピー機での複写のほか、印刷、写真、録音、録画などの方法で勝手にコピー（複写）することが法律で禁じられていることを理解しましょう。

〈引用・参考〉
一般社団法人日本音楽著作権協会ホームページ　http://www.jasrac.or.jp/profile/intro/index.html（最終閲覧日 2017.3.6）
みんなのための著作権教室ホームページ　http://kids.cric.or.jp（最終閲覧日 2017.3.6）

（石橋裕子）

執筆者・選曲・編曲者一覧

石橋　裕子	帝京科学大学教授	環太平洋大学非常勤講師
飯泉祐美子	帝京科学大学教授	秀明大学非常勤講師
望月たけ美	常葉大学准教授	
須田三枝子	元帝京科学大学非常勤講師	太田高等看護学院非常勤講師
小池すみれ	元帝京科学大学非常勤講師	元hh淑徳大学非常勤講師
松井　晴美	元帝京科学大学非常勤講師	国士舘大学非常勤講師
角田　玲奈	元帝京科学大学非常勤講師	有明教育芸術短期大学非常勤講師
岡部　絵実	元帝京科学大学非常勤講師	

いろいろな伴奏形によるこどものうた 85　2学期編
〜やさしい伴奏から素敵な伴奏まで〜

2017年8月1日初版発行
2022年4月15日第2版発行
編著者　石橋裕子・飯泉祐美子 ©2022
発行者　豊田治男
発行所　株式会社共同音楽出版社
　　　　〒171-0051　東京都豊島区長崎3−19−1
　　　　電話03−5926−4011
印刷製本　株式会社平河工業社
充分注意しておりますが、乱丁・落丁は本社にてお取替えいたします。

日本音楽著作権協会（出）許諾第1708322-202号　　D

皆様へのお願い

　楽譜や歌詞・音楽書などの出版物を著作権者に無断で複製（コピー）することは、著作権の侵害（私的利用など特別な場合を除く）にあたり著作権法により罰せられます。
　また、出版物からの不法なコピーが行われますと出版社は正常な出版活動が困難となり、ついには皆様方が必要とされるものも出版できなくなります。
　音楽出版社と日本音楽著作権協会（JASRAC）は著作権の権利を守り、なおいっそう優れた作品の出版普及に全力をあげて努力してまいります。
　どうか不法コピーの防止に、皆様方のご協力をお願い申し上げます。
　　　　　　　　　　　　　株式会社共同音楽出版社
　　　　　　　　　　　　　一般社団法人日本音楽著作権協会

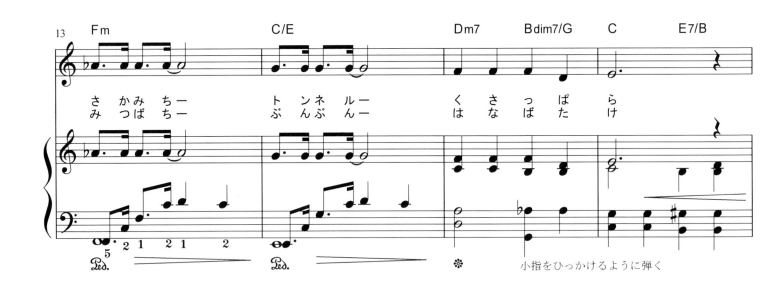
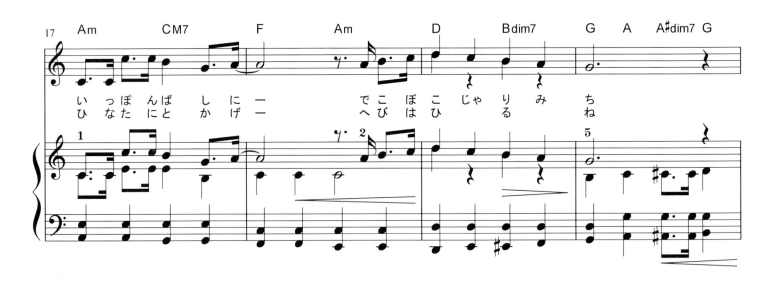
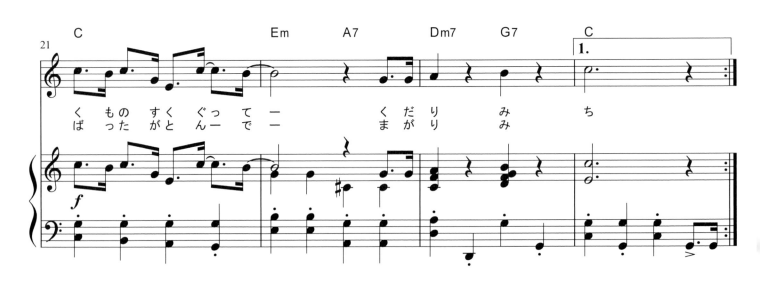

7. さんぽ

中川李枝子 作詞
久石 譲 作曲
望月たけ美 編曲

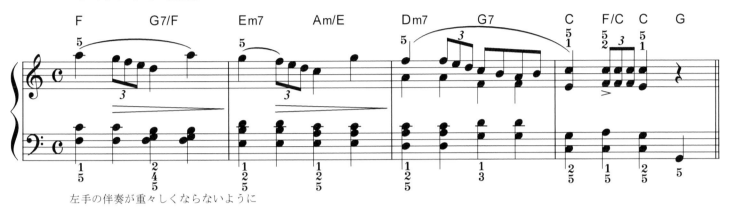
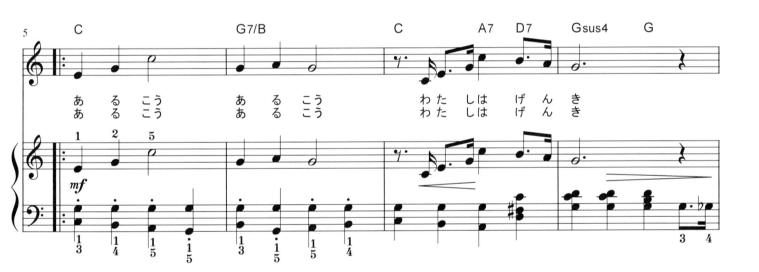
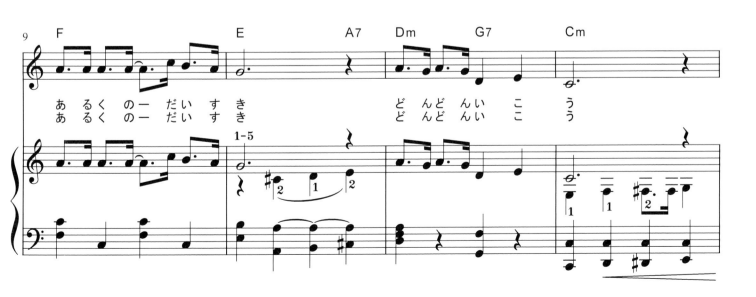

〈コラム3〉

C メロディーのない両手伴奏を使った取り組み例

　本シリーズでは、さまざまなニーズにこたえるために伴奏アレンジを複数掲載していますが、ここではその中のCメロディーのない両手伴奏を使った取り組みの活用例を紹介します。

　メロディーのない両手伴奏とは右手と左手の両方で伴奏パートを作り上げているものです。メロディーはありませんが、その分ハーモニー（音の響き）の厚みがあって音楽の高揚感を感じることもありますので、通常の保育内の歌唱活動だけでなく発表会などでの歌唱・合奏の伴奏にも使うことができます。

　ここでは合奏について取り上げます。

幼年期の合奏

　子どもたちにとって合奏は、楽器に触れることができるという魅力があります。そのため、楽しみながら合奏することが大切なポイントです。

使用する楽器

　《メロディーを担当する楽器（メロディパート）》
　　鍵盤ハーモニカ・木琴・鉄琴など
　《リズムを担当する楽器（リズムパート）》
　　カスタネット、鈴、トライアングル、タンブリン、シンバル、バスドラム、トムトム、ウッドブロック、スネアドラム、テンプルブロック、クラベス、ギロ、マラカス、ジャンベ、ボンゴ、コンガ、アゴゴベル、カウベル、手作りの楽器など

合奏の準備

　まず、メロディーパートとリズムパートに分かれます。

　メロディーパートは年齢によっては演奏が難しいと思われます。その場合はメロディーパートを歌声としたり、先生がメロディーを担当します。

　リズムパートは、三種類程度のリズムパートをオスティナート（パターンの繰り返し）によって演奏します。その際に使用する楽器は、同じような材質の楽器で揃える方法、低音・中音・高音と音域の異なるものを組み合わせる方法など、その場の環境で適宜対応しましょう。

リズムモチーフ

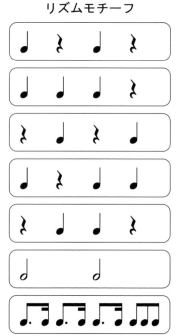

※ これらのリズムによる組み合わせをオスティナートで演奏します。

リズムオスティナート例

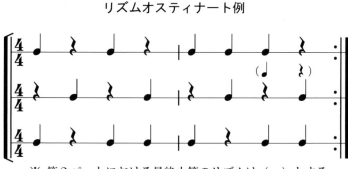

※ 第2パートにおける最終小節のリズムは（ ）とする。

※ 第1パートにおける最終小節のリズムは（ ）とする。

（飯泉祐美子）